Jordina Casademunt

Salud y belleza de los senos

EJERCICIOS, CONSEJOS

Y TRATAMIENTOS NATURALES

PARA REALZAR EL BUSTO

Y DISFRUTAR DE UN PECHO

BONITO Y SANO TODA LA VIDA

OCEANO AMBAR

SALUD Y BELLEZA DE LOS SENOS

Fotografías: Jordi García - Photoworks, Becky Lawton, Stock Photos, Age, Archivo Océano Ámbar
Ilustraciones: Yolanda Urdinguio
Modelos: Nathalie Legosles, Emilie Raidelet
Edición: Esther Sanz, Mònica Campos
Dirección de arte: Montse Vilarnau
Edición digital: Jose González

© 2005, Jordina Casademunt

© 2005, Editorial OCEANO, S.L.
Grupo Océano - Milanesat 21-23 – 08017 Barcelona
Tel: 93 280 20 20 – Fax: 93 203 17 91
www.oceano.com

ISBN: 84-7556-246-9 — Depósito legal: B-6896-XLVIII
Impreso en España - Printed in Spain
9001522020205

A Lídia, Clara, Anna, Esther, Gal.la, Laia, Mireia
e Imma y, en general, a todas las mujeres que
miman su cuerpo y se interesan por su salud,
belleza y bienestar.

AGRADECEMOS LA COLABORACIÓN Y LAS FACILIDADES DE:
La Perla Gris, Esportíssim. www.esportissim.com (Marc Queraltó); Gimnasios Európolis
(Albert Flores), y a todas las empresas de cosmética cuyos productos seleccionados por
la autora salen a lo largo de este libro.

Índice

Introducción

Los senos, distintivo de nuestra feminidad, pueden deteriorarse por diversas causas. Por suerte, mantenerlos sanos y bonitos es ahora una realidad al alcance de todas las mujeres.

Un pecho seductor para toda la vida

Tanto da si los senos son más pequeños o más grandes, más esféricos o más puntiagudos, lo único importante es cuidarlos para que permanezcan en su sitio y estén firmes.

Si quieres asegurarte de que tu pecho se sujeta correctamente, realiza este sencillo ejercicio: haz un rictus apretando los dientes y echando las comisuras de los labios hacia fuera en una sonrisa forzada, de forma que el cuello se tense. Si la parte alta de tus pechos se levanta ligeramente es que todo es correcto y los ligamentos los sujetan. Si no se mueven, debes reforzar con urgencia tu musculatura dorsal y torácica.

Un buen aliado de los pechos es la natación porque, aunque no se pueda decir que favorece al pecho directamente, expande la caja torácica y endereza la espalda, lo que levanta el pecho y lo saca hacia delante. El *crowl* trabaja todo el cuerpo de forma equilibrada y la braza, que además es el estilo menos cansado, reafirma los músculos pectorales. Además, el agua fría tiene un efecto beneficioso sobre los músculos y la piel. Por estas razones las nadadoras suelen tener los pechos bonitos, aunque sean pequeños.

Dicho esto, vamos con los detalles. Mantener un pecho sano y bonito es hoy en día una realidad al alcance de todas las mujeres. Dispones de muchos remedios y trucos para conseguirlo.

Debes empezar por la postura. No se trata sólo de que tu espalda se mantenga elegantemente derecha cuando estés sentada o de pie, quieta o en movimiento, sino que también puedes trabajar activamente para mejorar los músculos de ésta y hacer que tu postura general mejore casi sin darte apenas cuenta.

No debes convertirte en una esclava de tus pechos ni de ninguna otra parte de tu cuerpo, pero sí debes cuidarte, en lugar de ignorar tu físico y dejar que se las arregle como pueda.

Por desgracia, una de las partes menos cuidadas de nuestra anatomía es el pecho

Reglas de oro para mar

- Mantén la espalda recta.
- Usa un buen sujetador.
- Usa crema hidratante.
- En la ducha, tonifica el pecho con agua fría.

que, por otro lado, es una de las más vistosas y la que en gran medida marca nuestra femineidad. No hay una cultura sobre el cuidado de los pechos; ni siquiera para algo tan fundamental como escoger el sujetador más adecuado para cada tipo de constitución.

Los senos cambian en cada fase del desarrollo. Empiezan a transformarse en la pubertad y alcanzan su máximo desarrollo a los 20 ó 21 años. Sufren también cambios durante el embarazo, la lactancia y la menopausia, y requieren cuidados específicos en cada una de estas etapas.

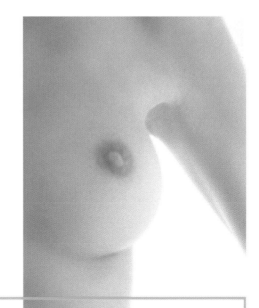

ner tus pechos firmes y bellos

- Realiza de vez en cuando tratamientos de belleza específicos.
- Hidrátate también por dentro: bebe mucha agua.
- Haz ejercicios específicos para pecho y espalda.
- Mantén tu peso.
- Hazte exámenes periódicos.
- Disfruta de una dieta equilibrada.
- Consume muchas frutas, verduras y fibra.
- Protégete del sol.
- Duerme en una postura que no comprima el pecho.
- Saca pecho.

Asimismo, los senos son muy frágiles y les afectan mucho los cambios de peso bruscos, que, además de flacidez, pueden provocar estrías.

Las estrías son el resultado de la rotura de las capas profundas de la dermis (las fibras de colágenos y elastina). Normalmente aparecen por culpa de un cambio brusco de volumen, pero también se deben a otros factores como: alteraciones hormonales en la pubertad, el embarazo o, incluso, una alimentación pobre en vitaminas y proteínas.

Causas de la flacidez

El adelgazamiento
Es la causa más generalizada de que el pecho se deteriore. Ocurre porque muchas veces iniciamos dietas drásticas que conducen a perder peso con demasiada rapidez, sin tener en cuenta que el pecho es una zona delicada.

El problema es que el tejido adiposo se afloja por carencia de grasas y esa carencia también hace que la piel exterior se vuelva

rígida, no pueda retraerse para adoptar la nueva forma que debería tomar y los pechos adquieran un aspecto marchito. El vientre puede ser otra zona problemática si se pierde peso demasiado deprisa.

Los problemas se pueden agravar si dejas de consumir grasas. Aunque en las dietas hay que limitar la ingestión de grasas animales, no se puede suprimir el aceite, preferiblemente de oliva.

Las dietas deben ser lentas: lo recomendable es perder unos dos quilos por mes.

Una posición incorrecta de hombros y espalda

Con los hombros encorvados, provoca que el pecho cuelgue y tienda a caer. Además, esta postura tan poco recomendable también es causa de flacidez en el vientre.

Las largas exposiciones al sol

Producen envejecimiento precoz de la piel, con la consiguiente pérdida de elasticidad.

El deporte

No es en sí perjudicial para los pechos, pero puede dañarlos gravemente si no se toman una serie de precauciones, entre ellas usar un sujetador adecuado.

La actividad física intensa y continuada

Hace que los pechos se bamboleen y, si no están bien protegidos, produce microdesgarros en los tejidos más débiles.

En algunos deportes especialmente intensos, las deportistas se fajan los pechos para aplastarlos ligeramente. Si usas un sujetador muy rígido, procura estar un rato por casa sin él para que los pechos se recobren de la inmovilidad. Ir sin sujetador durante un rato al día es una buena forma de colaborar con la tonificación de los tendones que sujetan los pechos.

Culturismo

Suele afectar mucho al pecho, ya que para el desarrollo y la definición muscular es necesario suprimir las grasas de la alimentación.

Los pechos pierden volumen, pero esto se compensa en parte porque los músculos pectorales se fortalecen por el ejercicio. El resultado es un pecho más pequeño pero muy firme.

Maternidad y lactancia

La presencia de leche en los conductos produce un aumento de la glándula, que no contará con ningún refuerzo para soportar el aumento de peso a no ser que usemos un sujetador especial.

La maternidad no tiene por qué acabar con la belleza del pecho si la mujer usa cremas de belleza que faciliten la distensión e hidratación de los tejidos y aplica agua fría de vez en cuando. Una buena forma de hacerlo sería usando un aparato especial para duchas de senos que permite aplicar agua fría sin que sea demasiado traumático.

Envejecimiento

Es un proceso que se puede retrasar y/o suavizar pero nunca detener. Para combatirlo es importante beber suficiente agua y tomar abundantes frutas y verduras, algunas de ellas ricas en vitamina E, la vitamina antienvejecimiento, además se seguir los otros consejos alimenticios y estéticos de este libro.

Los pechos, que en la cultura occidental siempre han ocupado un lugar destacado dentro de la consideración estética y erótica, han pasado también por diversas modas.

También en **otras culturas** el pecho se ha sometido a diversos tratamientos para variar su forma. En la actualidad, todavía hay pueblos de Nueva Guinea o tribus de África que alteran con diversos procedimientos los pechos para conseguir unos senos alargados y colgantes, símbolo de la fecundidad, tal como muestran las numerosas estatuillas de diosas de la fecundidad que proliferan en las culturas antiguas.

No todas las culturas fijan su interés erótico en los pechos: entre muchos **pueblos árabes** se considera más sensual el ombligo; los **chinos** se erotizaban con los pies pequeños, y en **Japón** el toque especial lo tenía la nuca.

En **Creta**, hace más de 5.000 años, los senos estaban considerados el símbolo de la Creación, de la Naturaleza, de la Madre que nutre. Otras muchas culturas de África o las civilizaciones precolombinas de México y Perú o el pueblo fenicio han tenido diosas de senos prominentes y anchas caderas.

La fenicia **Astarté**, considerada a la vez diosa-virgen y diosa-madre y venerada también en Siria y Palestina, ha sido adorada en distintos países con distintos nombres: Attar en Mesopotamia, Atar en la Arabia meridional, Astar en Etiopía, Isthar en Asiria, Istar en Babilonia y posteriormente Afrodita en Grecia. Astarté es una diosa oriental del amor y de la fecundidad que originó un culto bastante licencioso, con prostitución sagrada y celebraciones orgiásticas incluidas.

Los **egipcios** adoptaron su figura en Isis, pero la dotaron de un mayor espíritu guerrero. En ocasiones llevaba en su regazo a Horus niño y fue un claro precedente de las vírgenes con niño católicas.

Si la **cultura cristiana** censuró la representación de los pechos femeninos, que anteriormente se habían erguido orgullosos en las estatuas griegas, impulsó sin embargo la reproducción de imágenes de vírgenes que amamantan al niño. La lectura era una exacerbación del mito de la madre muy conveniente para los intereses de la Iglesia, que quería exaltar el papel de la mujer como madre y confinarla a la vida doméstica. Asimismo, la Iglesia incorporó la idea de la madre fecunda a su iconografía e ideología y restó carga sexual a la figura de la mujer y, por supuesto, a sus senos.

En la **Edad Media**, en la que empezaron a imperar actitudes moralizantes, se consideraba que las mujeres más honradas eran las de trece o catorce años. A esta edad se casaban, concebían pronto a su primer hijo y morían en muchos casos antes de los 25 años, probablemente de parto. Por este motivo se impusieron los senos más pequeños, aunque debían ser altos, redondeados como frutas y blancos. En lo que respecta al cuerpo, se puso el acento en que las caderas fueran anchas.

En el **Renacimiento**, que significó una vuelta a la vida y a la luz y a una dimensión más humana del hombre y del arte, los senos más generosos volvieron a ser apreciados. La abundancia de carnes se convirtió en símbolo de prosperidad y los pechos femeninos, preferiblemente de tipo esférico, emergían de los apretados corpiños, y los escotes se volvieron generosos.

Del pecho nutritivo de la Antigüedad, venerado como signo de supervivencia del pueblo judío, se pasó al pecho de nutrición espiritual de la tradición cristiana. Los pechos se desexualizaban y perdían carnalidad.

En la **Europa** de los siglos XVI y XVII estaba de moda comprimir el pecho de las adolescentes para que se desarrollara lo mínimo posible.

Posteriormente hubo una lectura política, con la imagen de Marianne en Francia, alegoría de la libertad y la república, a pecho descubierto y al servicio de la Revolución Francesa. Entonces, la madre que amamantaba fue identificada con la ciudadana responsable, en oposición a la nodriza a la que recurría la aristocracia.

Dar el pecho o no darlo no era sólo cuestión de clase, sino también de religión. Las clases pudientes católicas solían tener **nodrizas** porque así la mujer volvía a ser fértil antes (durante la lactancia no se suelen producir embarazos) y podía tener más hijos, de los que con un poco de suerte algunos sobrevivirían.

Para los **protestantes**, en cambio, en gran parte por oposición al catolicismo, amamantar a la prole era un deber de la esposa.

Muchos autores defienden que no fue hasta la época victoriana y su fuerte represión que el pecho se convirtió en el poderoso imán masculino que es hoy en día.

En el **siglo** XX también ha habido períodos en los que estuvieron de moda los pechos pequeños: el primero en la década de 1920, con la eclosión al mundo de un buen número de mujeres modernas: las *flappers*, de formas andróginas y con un buen número de inquietudes y ocupaciones que sus antecesoras se habían tenido que limitar a observar de lejos. El pecho pequeño era símbolo de la emancipación de la mujer, que se liberaba de su papel de madre y, por tanto, no necesitaba unos pechos generosos con que alimentar a la prole.

En torno a la **Segunda Guerra Mundial** se pusieron de moda mujeres opulentas y de grandes senos como **Marilyn Monroe.** Nacen las *sex symbols* propiamente dichas, que llegaron al extremo de lo caricaturesco con **Jane Maynsfeld** y sus vestidos rosas, sus zapatos rosas, su coche rosa y su perro rosa. Era la época de las *pin-ups*, llenas de erotismo y glamour, que ilustraban los aviones de guerra del ejército estadounidense y que recordaban a los soldados qué les esperaba en casa... Momentos difíciles en que el imán sexual mantenía alta la moral de la tropa.

El segundo momento del imperio de los pechos pequeños fue en la década de 1960, cuando se impuso la moda de las mujeres increíblemente delgadas, capitaneadas por la modelo **Twiggy.** Fue otro período en que las mujeres dieron un paso hacia delante y se adentraron en territorios tradicionalmente reservados a los hombres, en este caso el mundo laboral.

Después de los desenfadados y más bien andróginos años de las décadas de 1960 y 1970, se pusieron de moda de nuevo las mujeres bien dotadas, y desde mediados de la década de 1980 se ha producido una escalada en los implantes de silicona, ampliamente extendidos entre mujeres de todo tipo y condición, que han aumentado de media dos tallas de pecho.

El pecho en la actualidad

Los que actualmente se llevan la palma en cuestión de obsesión por el pecho son los **estadounidenses**, que llegan hasta el extremo de ofrecer como regalo de graduación a sus hijas la operación de pecho para implantar prótesis de silicona.

En **Europa** la balanza de la obsesión se equilibra en parte porque es habitual hacer topless en las playas.

La obsesión por el pecho se debe a motivos culturales, pero también a motivos genéticos y evolutivos: se suele identificar a la mujer con busto prominente con la **mujer fértil**. En un estudio sobre emparejamiento realizado por David M. Buss en 37 culturas distintas se puso de manifiesto que los hombres suelen fijarse en mujeres de peso medio, pecho tamaño cuenco y una proporción entre cintura y cadera de un 0,70 y 0,80. Un dato curioso: aunque las mujeres de las revistas pornográficas han disminuido unos 10 kg de peso en los últimos años, la proporción entre cadera, cintura y pechos sigue siendo la misma.

Los **antropólogos** se han preguntado a menudo por qué las mujeres tienen pechos siempre y no los desarrollan cuando los precisan para alimentar a sus crías, como ocurre con el resto de los mamíferos. Algunos expertos han llegado a la conclusión de que esto se debe a que en los humanos los pechos están destinados a ejercer el papel de atracción sexual que desempeñan en otros primates los órganos sexuales prominentes o abultados de las hembras.

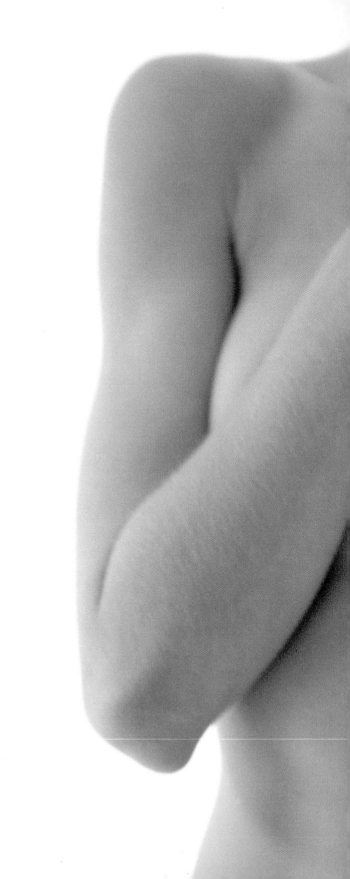

La forma y constitución de los pechos

Aunque todos los senos tienen
idéntica anatomía, su aspecto
externo varía en cada mujer. Conocer
bien cómo son los tuyos te ayudará a
mantenerlos bellos y saludables.

Anatomía de los senos

Los pechos, tanto en la mujer como en el hombre, están constituidos por una glándula de secreción externa de estructura parecida a los granos de uva. Cada seno tiene de 15 a 20 secciones llamadas «lóbulos», que están dispuestas de la misma forma que los pétalos de una margarita. A su vez, cada lóbulo posee muchos lobulillos más pequeños que terminan en docenas de bulbos pequeñitos que pueden producir leche cuando es necesario.

Estos lóbulos y bulbos están conectados por una red de canales, los canales «galactóforos», por los que pasa la leche durante la lactancia, que desembocan en el pezón, situado en el centro de un área oscura de la piel que se llama «areola».

Tanto alrededor de ellos como entre ellos hay tejido adiposo. La cantidad de éste varía según la constitución de cada mujer. Su función es hacer de aislante y amortiguador.

Los senos contienen vasos sanguíneos y vasos linfáticos. Estos últimos desembocan en unos pequeños órganos llamados «nódulos linfáticos». En la axila se encuentran racimos de estos nódulos. El sistema linfático colabora con la defensa del organismo y en el transporte de grasas absorbidas en el intestino.

El pecho no tiene músculos propios, sino que está formado sobre los músculos pectorales, de ahí la importancia de conservar éstos tonificados. El pecho está fijado a estos músculos mediante ligamentos suspensores que también es importante mantener en forma.

El pecho sólo tiene músculos propios en la areola y el pezón, pero no sirven para sujetar-

Estructura interna del seno

Grasa, tejido conjuntivo, nervios, arterias, venas que circundan la gándula mamaria completando la estructura del pecho

Glándula mamaria (con la característica forma de «racimo de uva»)

Músculo pectoral, sobre el que se apoya la glándula mamaria

Tejido cutáneo (piel) que contiene y sostiene la glándula mamaria y el tejido adiposo

Areola (pigmentada)
Tubérculos de Montgomery
Pezón
Canales o conductos galactóforos

Límites de la glándula mamaria

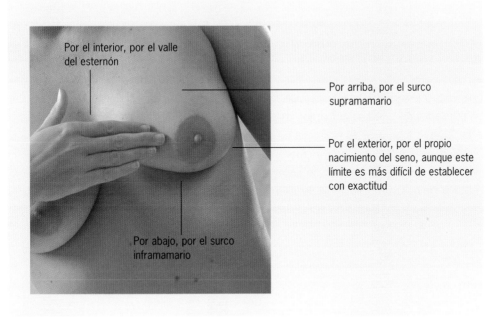

Por el interior, por el valle del esternón

Por arriba, por el surco supramamario

Por el exterior, por el propio nacimiento del seno, aunque este límite es más difícil de establecer con exactitud

Por abajo, por el surco inframamario

lo sino para provocar endurecimiento ante estímulos externos como placer o frío.

El segundo punto de sujeción de los senos, pero no el menos importante ya que es el único que mantiene el pecho contra el tórax, es el tejido cutáneo, que debe mantenerse elástico mediante cuidados apropiados que incluyen hidratación, alimentación, postura correcta y un buen riego sanguíneo.

Los pechos reciben abundante sangre arterial que permite la producción de leche a partir de los elementos de sangre limpia. Las venas se encargan de eliminar la sangre, que queda muy empobrecida. Durante la lactancia, es muy visible la red venosa, que cubre el seno de ramificaciones azuladas.

El exterior del pecho

La forma de los pechos varía según la mujer, pero suelen tener forma de conos más o menos redondeados. La parte más oscura, que puede variar desde un suave rosado a un tono chocolate, es la areola. En la areola está el pezón y también unas glándulas minúsculas que parecen pequeñas protuberancias que se denominan «tubérculos de Montgomery». Son como pezones en miniatura, por lo que se ven mucho mejor en las mujeres que están dando el pecho.

El seno sobresale de la cara anterior del tórax entre la tercera y la séptima costilla.

El tamaño de los pezones y de las areolas varía según las mujeres. También cambia con el embarazo, ya que la areola se hace más grande y oscura. Los pezones pueden ser del tamaño de pequeñas moras hasta avellanas. A veces sobresalen muy poco o incluso están metidos hacia dentro, diciéndose entonces que están «umbilicados». Esta particularidad no tiene importancia a no ser que sea debido a un cambio brusco y un pezón salido de pronto cambie su forma.

Hay varios factores que influyen en el tamaño, la firmeza y la forma del pecho, pero el determinante es la cantidad de grasa acumulada.

En cuanto a la piel, tiene dos clases de elementos glandulares: las glándulas sebáceas y las glándulas sudoríparas.

Las formas de los senos

Varían según las razas: desde los senos altos y puntiagudos de las jóvenes negras, que al tener niños se alargan y toman forma de pera, hasta los senos semiesféricos de las esculturas hindús.

Entre las europeas son más normales los senos casi hemiesféricos, con la parte superior un poco cóncava y la parte inferior convexa. Son senos parecidos a los de las esculturas griegas, de forma hemiesférica perfecta.

Normalmente, se considera que el pecho perfecto tiene las siguientes características: es lleno, firme, de volumen medio, con la piel suave y tersa, y con una areola de entre

Las glándulas y los senos

Ha sido necesario un siglo de investigaciones y experimentos para demostrar que en el desarrollo de los senos intervienen dos glándulas: **el ovario y la hipófisis**.

En 1897, **Grigreff**, al practicar la ablación de los ovarios en conejos impúberes constató que el desarrollo del seno no se producía. Tres años después, Halban y Knaueer transplantaron un ovario a la oreja de una coneja adulta, castrada antes de la pubertad, y observaron que la glándula mamaria se desarrollaba.

Hacia 1927 se descubrió la hormona femenina de origen ovárico: la foliculina. Un fisiólogo estadounidense, **Allen**, provocó el desarrollo mamario en las conejas privadas de ovarios con menos de un miligramo de esta sustancia. La hormona reemplazó a la glándula.

En 1936, los profesores **Syle** y **Collip** demostraron que la ablación de la hipófisis impide el desarrollo mamario y también que la administración de hormonas de la hipófisis desarrollaba los pechos.

En 1945, **Dupraz** estableció el mecanismo de regulación hormonal del desarrollo mamario.

Los senos de las
jóvenes negras
son altos y
puntiagudos.

Catálogo de senos

Los pechos más altos y más pequeños son los más firmes. También los que tienen forma de manzana y están muy pegados al tórax, porque ofrecen pocas posibilidades a la gravedad de actuar.

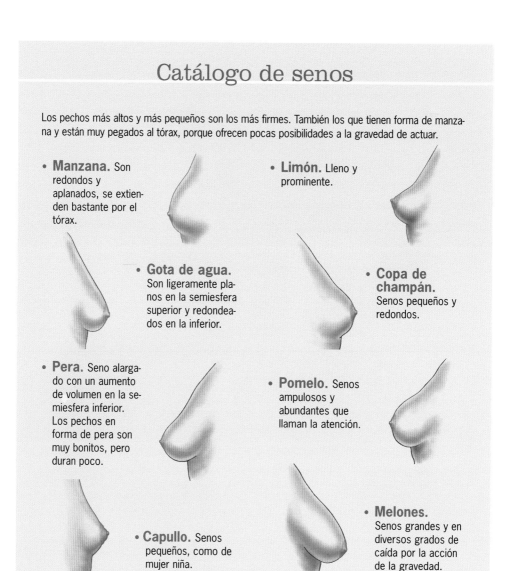

- **Manzana.** Son redondos y aplanados, se extienden bastante por el tórax.

- **Limón.** Lleno y prominente.

- **Gota de agua.** Son ligeramente planos en la semiesfera superior y redondeados en la inferior.

- **Copa de champán.** Senos pequeños y redondos.

- **Pera.** Seno alargado con un aumento de volumen en la semiesfera inferior. Los pechos en forma de pera son muy bonitos, pero duran poco.

- **Pomelo.** Senos ampulosos y abundantes que llaman la atención.

- **Capullo.** Senos pequeños, como de mujer niña.

- **Melones.** Senos grandes y en diversos grados de caída por la acción de la gravedad.

3 y 5 cm de diámetro. El pezón tiene que sobresalir y el pliegue submamario tiene que estar poco marcado. La implantación debe ser firme sobre el tórax y los pezones deben quedar por encima de la mitad del seno.

De todas formas, todos los senos tienen su belleza y muchos hombres confiesan que no les importa, sino al contrario, que los pechos estén un poco caídos...

Sean como sean, llévalos con orgullo y con la frente bien alta y la espalda bien erguida, además de que se verán más bonitos, es la mejor forma de que permanezcan en su sitio por más tiempo.

Las asimetrías

Es muy normal que los dos pechos sean diferentes. En siete de cada diez casos el pecho derecho es más pequeño que el izquierdo, pero esta diferencia no suele ser visible.

Puede haber casos en que la diferencia sea evidente, pero conviene tener paciencia: el tamaño de los senos en estos casos tiende a igualarse con el paso del tiempo o después de un embarazo.

De todas formas, una solución puede ser poner pequeños implantes en ambos senos de forma que se iguale su tamaño y no cambie sustancialmente ni su forma ni tampoco su volumen.

La correcta formación del seno

Un pecho debe ser armónico con el resto del cuerpo, tener firmeza y tono, estar situado en su sitio y poseer un índice de desarrollo normal que puede calcularse según la siguiente fórmula:

Mide los perímetros de tu pecho:

- **Perímetro alto.**
  La parte alta del busto, en el nacimiento del seno.
- **Perímetro medio.**
  La parte media del busto, sobre los pezones.
- **Perímetro bajo.**
  Debajo de los senos, en el tórax.

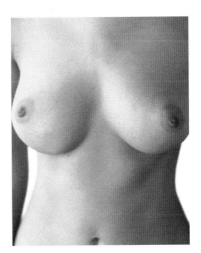

Resta al perímetro medio la suma del perímetro alto más el perímetro bajo dividido por dos y divide el resultado por tu altura.
Por ejemplo: Si mides 1,70 m y tus perímetros son 85 86 y 74. Debes calcular:
86 – 1/2 de la suma de 85 y 74 y dividir el resultado por 1,70 m. El resultado sería 3,82. En este caso, senos pequeños, aunque normales.

Resultado obtenido	Índice de desarrollo del seno
0 - 3,5	Senos insuficientes
3,5 - 4,5	Senos pequeños
4,5 - 5,5	Senos normales
5,5 - 6,7	Senos ligeramente más desarrollados de la cuenta
6 - 7 en adelante	Desarrollo excesivo

Los diferentes estadios del pecho

Los senos experimentan importantes cambios a lo largo de la vida de la mujer. La pubertad, el embarazo o la menopausia dejan huella en su delicada anatomía y se hace imprescindible aumentar los cuidados.

Los senos en la pubertad

Durante la pubertad se producen modificaciones en el grado de desarrollo y de ramificaciones de los canales excretores, el grado de desarrollo de las porciones excretoras y la abundancia de tejido conjuntivo adiposo. La glándula crece rápidamente y toma un aspecto globular, la areola adquiere relieve y se pigmenta y el pezón se hace más visible.

El inicio de la pubertad suele marcarlo una pequeña molestia debajo de la areola, que muchas veces se da en un solo lado, por lo que puede provocar preocupación. No es nada, simplemente el primer signo de que se empieza a producir el cambio.

Después de las primeras reglas, el tejido conjuntivo se infiltra con elementos grasos, por lo que crece el relieve de las mamas y disminuye el relieve aerolar. Los pechos pasan a ser semiesféricos. Es importante para la salud del pecho que las niñas lleven un sujetador desde que el pecho empieza a desarrollarse.

Hay que tener mucha paciencia con las adolescentes, ya que experimentan muchos cambios corporales y psicológicos que las desorientan.

Los cambios corporales en la pubertad

Las chicas **crecen** varios centímetros, sus rostros cambian de proporciones, se desarrollan los genitales y la grasa cambia de lugar.

Durante la niñez, una pequeña área de la base del cerebro y la glándula pituitaria interactúan con las gónadas (en el caso de las niñas, los ovarios) de forma que la producción de las tres es muy baja.

Durante la última etapa de la niñez el área del cerebro comienza a ser menos sensible a las hormonas de las gónadas y produce más cantidad de su hormona, de forma que las gónadas también aumentan su producción. Este **incremento hormonal** sigue en la pubertad hasta que las hormonas alcanzan en la sangre los niveles de un adulto.

Cuando la cantidad de **estrógenos** aumenta llega un punto que tiene efecto en el cuerpo de la niña y empiezan a producirse cambios. También se estimula la pituitaria y la niña crece más rápidamente.

El estrógeno hace que los **pechos** se agranden, que la capa de la vagina cambie y que aparezca la menstruación.

Otro cambio que se produce en el cuerpo de las niñas es la aparición de **vello** en el pubis y en las axilas.

La pubertad puede empezar a los siete años de edad, aunque en los hombres puede retrasarse uno o dos años más. También son normales otras edades más tardías, aunque en las niñas nunca empieza después de los doce años. El proceso dura unos cuatro años.

Durante la pubertad se producen importantes cambios en los senos.

La influencia de los ciclos menstruales

- Si durante la pubertad los pechos se desarrollan, después se ven afectados por los ciclos menstruales que provocan grandes cambios en ellos.

- Durante el período fértil de la mujer, unos treinta o cuarenta años, la hipófisis y los ovarios segregan hormonas con el fin de preparar el útero y los senos para la gestación.

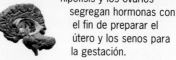

- En la primera mitad del ciclo (es decir, desde el primer día de la regla hasta la ovulación) el pecho tiende a hincharse y a aumentar de tamaño. También puede estar más sensible e incluso doler.

- Cuando viene la regla, los pechos se deshinchan y se vuelven menos sensibles. Luego el ciclo se vuelve a repetir una y otra vez. Dependiendo de los meses, las molestias pueden ser más o menos intensas.

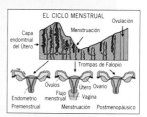

La adolescencia

El desarrollo de los pechos es el paso definitivo que convierte a la niña en una mujer capaz de concebir. Aunque las niñas tengan información sobre lo que va a pasar en su cuerpo, los cambios son siempre chocantes e incluso pueden ser traumáticos porque, sobre todo en nuestros días, no se corresponden exactamente con lo que la niña espera de su cuerpo.

En un primer momento solamente crecen los pezones, pero al cabo de seis meses o un año aumenta el tejido glandular y la areola se ensancha y se pigmenta.

La menstruación empieza a la mitad de la pubertad, después de que los pechos hayan crecido casi hasta la talla definitiva. La ovulación regular ocurre tres o cuatro años después de la primera menstruación.

Las niñas no pierden grasa corporal, sino que ésta cambia de lugar: si antes se acumulaba alrededor de la cintura, ahora se traslada a los pechos, las caderas y los muslos.

El pecho
y el embarazo

El cambio en el estado de los senos es debido a la estimulación hormonal. Si se produce un embarazo, la glándula continúa desarrollándose y experimentando las transformaciones necesarias para la fabricación de leche.

Los pechos sufren cambios importantes: la areola se agranda y se vuelve cada vez más oscura, la red venosa superficial es más visible, se acentúa la sensación de racimo de uvas en el examen manual, la glándula mamaria aumenta de tamaño y los pechos están más hinchados y calientes. Con el embarazo, la mama se vuelve más grande y pesada y puede aumentar hasta medio kilo más de lo normal. La forma y el volumen cambian para prepararse para su función fisiológica: producir leche.

Masaje básico en el embarazo

Pon los dedos de las manos como si fueras a sostener un vaso y colócalos en la base del pecho, empujando levemente hacia el centro y cerrando cada vez más la mano hasta llegar al pezón. Al encontrar el pezón da un ligero tirón hacia arriba. Repite este masaje hasta que el pezón sobresalga bastante. Con este masaje se hace más elástico y se acostumbra a los tirones que hace el bebé al alimentarse. Así ni se lastimarán ni se agrietarán.

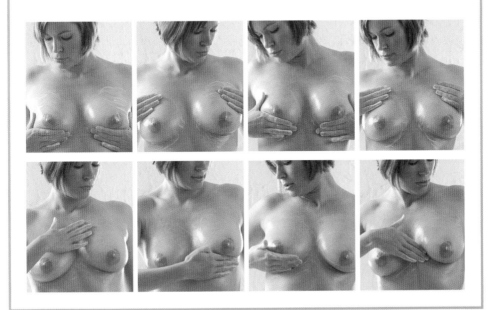

Durante este período se deben cuidar especialmente los pechos y los pezones para evitar problemas, tanto durante el embarazo como después.

Los puntos básicos del cuidado de los pechos siguen siendo los mismos: hidratación, uso de cremas (es necesaria una crema antiestrías), el uso de un sujetador que se adapte a las nuevas características del pecho, ejercicio, baños alternos fríos y calientes, y masajes.

En los últimos meses del embarazo las células empiezan a secretar. No se trata de leche, sino de calostro, una sustancia rica en proteínas y pobre en lípidos. Días después del parto se produce la subida de la leche o lactogénesis, estimulada por la hormona prolactina.

Durante el embarazo no debes dejar de hacer ejercicio. Evidentemente, no puedes usar pesas ni realizar sobreesfuerzos, pero sí puedes estimular la circulación sanguínea y mantenerte en forma haciendo regularmente una actividad como andar o practicar la natación; y puedes –y debes– realizar ejercicios moderados, entre ellos ejercicios específicos para los senos como los recogidos en el capítulo «Ejercicios diarios».

No te fatigues, tu mejor baza no está en la intensidad o en la repetición de los ejercicios, sino en la constancia. Haz pocas repeticiones distribuidas en varias sesiones durante el día.

Grietas

Son pequeñas lesiones que se producen en el pezón debido, generalmente, a una mala postura del bebé al mamar. Si se «prende mal» (es decir, abarcando sólo el pezón en lugar de toda la areola), tendremos que sacarlo y volverlo a poner. Para ello, un truco eficaz consiste en **poner el dedo meñique en la comisura de los labios y tirar hacia afuera para quebrar la «ventosa» que el bebé ha formado.** A veces las grietas también pueden aparecer porque el bebé pasa demasiado tiempo en el pecho. Si está bien colocado, unos veinte minutos suelen ser suficientes para que quede satisfecho.

Durante la lactancia es recomendable no consumir alcohol ni antisépticos químicos. Tampoco deben aplicarse en la zona del pecho glicerinas o cremas. Si padeces grietas tampoco te laves con jabón, pues reseca mucho la piel y puede empeorar el estado de los pezones.

Antes y durante la lactancia las glándulas de Montgomery que rodean el pezón segregan una sustancia que actúa como lubricante y que además impide la proliferación de bacterias. De esta forma, la leche materna no sólo sirve para alimentar al bebé, sino que también para tratar las grietas en los pezones.

Remedios para curar estas pequeñas heridas y cicatricen de manera natural:
- Procura mantener siempre los **pezones secos** (no será necesario que te apliques compresas protectoras húmedas).
- Ponte un rato a que te dé el **aire libre y el sol.**
- Para **dormir**, hazlo preferentemente **desnuda** de cintura para arriba.
- Prescinde de utilizar cremas, alcohol, jabón, antisépticos o productos por el estilo.
- Antes de las tomas, aplícate un **paño caliente** sobre las mamas para favorecer la bajada de la leche.
- Pásate **unas gotas de tu leche** por los pezones varias veces al día; la leche materna desinfecta, suaviza y cicatriza las heridas.

Para calmar y mejorar el estado de las grietas se puede lavar el pecho con una **infusión de manzanilla** y aplicar un aceite vegetal de rosa mosqueta o de macadamia.

• **Remedios homeopáticos.**
Nitricum Acidum 5CH y Graphites 15CH

Pezones retraídos

A veces los pezones no han alcanzado su desarrollo, pero aun así se puede dar el pecho; basta con hacerlos salir. Este ejercicio debe practicarse ya durante el embarazo para ir preparando el pecho. Aunque en un principio habrá que realizarlo antes de la toma, la vigorosa succión del lactante conseguirá que los pezones asomen de forma permanente.

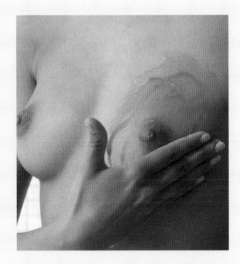

Ayuda a estirar los pezones **masajeando como si trazaras una cruz imaginaria.** Coloca los índices a cada lado horizontalmente y estira de forma suave, frotando con cuidado. Repite la operación colocando los dedos verticalmente.

Mastitis

Es una inflamación de la mama que se produce por obstrucción de la leche en los conductos galactóforos. Los síntomas son: pechos hinchados, calientes y dolorosos, fiebre y malestar general. El principal remedio para curarla es **continuando con la lactancia,** asegurándonos de que el bebé está colocado correctamente al pecho (hay que darle primero al pecho afectado para que se descongestione). Aunque exista una infección, no hay peligro ya que ésta no llega al bebé. Si ante una mastitis se suspendiera la lactanica, se corre el riesgo de que se produzca un absceso (un pequeño saco de pus).
• **Remedios homeopáticos.**
Croton Tiglium, Echinacea y Mercurius Solubilis.

Curiosidades sobre la lactancia

- Durante el embarazo y el período de lactancia los senos engordan unos 400 g.
- Las mujeres que dan el pecho lo hacen una media de nueve semanas.
- Un bebé mama siete veces al día durante veinte minutos.
- Teniendo en cuenta estas cifras, las mamas alimentan al bebé durante 150 horas, repartidas en 440 tomas y le proporcionan 45 l de leche.
- Algunas mujeres han llegado a producir 5 l de leche al día, aunque la media de las mejores productoras españolas es de 10 l a la semana.
- Las esquimales amamantan a sus hijos hasta la pubertad.
- La leche materna más grasa es la de leona marina, con un 53,3 % de grasas.

Dar el pecho, ¿sí o no?

Ante todo, ten en cuenta que la decisión es tuya. Hay muchas razones para que des el pecho a tu hijo, pero hay muchas otras para que no lo hagas. Si te presionan tus allegados para que des el pecho a tu hijo, no te dejes acorralar. Incluso motivos que pueden parecer tan dramáticos como que dar el pecho al niño establece un vínculo especial con la madre no son más que tópicos. El lazo se establecerá igualmente si le tocas, le acaricias, le besas y si eres cariñosa con él cuando le das el biberón. Lo mismo debería hacer su padre. En cuanto a que es mejor para el bebé, puede ser, pero los niños criados con biberón se muestran igual de sanos y activos que los que han subido «de la forma tradicional».

Entre las razones por las que deberías darle el pecho están que recuperarás antes la línea; que protege del cáncer de mama, de ovarios y de útero; que el bebé refuerza su sistema inmunitario; que resulta más económico; que relaja a la madre; que ayuda a que el útero vuelva a su tamaño normal...

Entre las razones para no darle el pecho están que te horroriza la idea; que temes estropear tu pecho; que no quieres tener que estar tan pendiente del bebé; que quieres compartir la responsabilidad de la alimentación con el padre; que algún problema físico, como unos pezones hacia dentro, dificultaría la lactancia o la haría dolorosa; que así sabes exactamente cuánto alimento ingiere el bebé; que así no tienes que preocuparte de los medicamentos que estás tomando; que tienes que tomar medicamentos que podrían interferir en la lactancia...

No te sientas culpable por tener tus razones para no dar el pecho, aunque prepárate para oír que eres egoísta, y toma tus propias

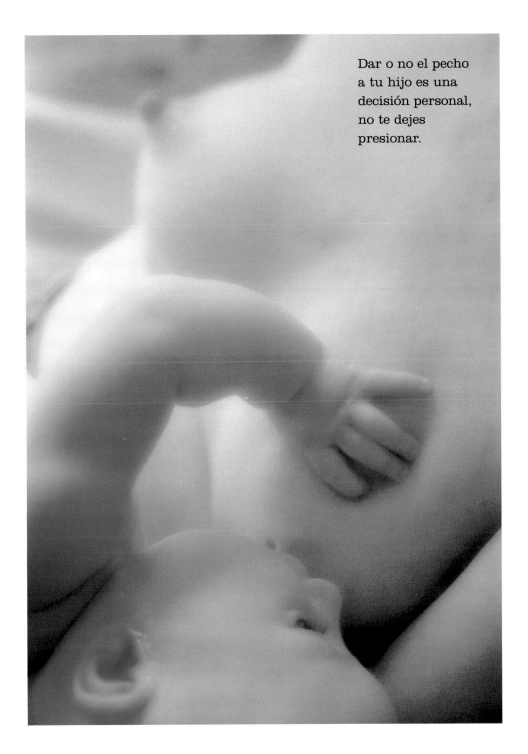

Dar o no el pecho
a tu hijo es una
decisión personal,
no te dejes
presionar.

decisiones. Piensa en ti. Si tú te sientes a gusto, tu bebé también se sentirá a gusto.

Todos los pechos están hechos para producir leche, aunque puede ser que al principio haya alguna dificultad. No te des por vencida de buenas a primeras, a veces la leche se bloquea por problemas psicológicos, como falta de confianza en la propia capacidad.

Si te has cuidado durante el embarazo, no tienes motivos para temer por tu pecho.

Durante la época de lactancia notarás los pechos pesados y quizás experimentes una sensación extraña de succión debida a la circulación de la leche.

Cómo cortar la producción de leche

El cambio de alimentación del niño debe hacerse progresivamente, lo que también ayudará a que los pechos dejen de producir leche gradualmente. Cuando el niño tenga cuatro o cinco meses se irán introduciendo en su dieta otros alimentos y cada semana se eliminará una de las tetadas.

Si el organismo continúa produciendo leche y el pecho se hincha, puedes ayudar a que la leche se retire manteniendo **presionado** el pecho. Acorta más de lo normal las tiras del sujetador para proporcionarle al pecho una presión extra.

Bebe **tisanas** a base de plantas que combaten la producción de leche, como perejil y salvia, y aplica sobre el pecho cataplasmas de perejil.

Si has decidido no dar el pecho a tu hijo, el médico puede recetarte un **fármaco** que inhibe la secreción de la hormona prolactina.

A medida que introduzcas en la dieta de tu hijo otros alimentos, tus pechos irán dejando de producir leche.

Cómo se amamanta

Hay un retorno a lo natural que se manifiesta en la actual tendencia a acercar al niño al pecho de la madre ya en la sala de partos y dejarle mamar cada vez que lo desea el tiempo que necesita.

Los niños, si los dejamos a su ritmo, suelen autorregularse y además tienden a sincronizarse con los horarios de producción de leche, por lo que no da tiempo a que la leche se salga y los pezones no se fatigan ni los pechos se hinchan demasiado.

Para producir la leche necesaria, basta con que el pequeño mame de los dos pechos. De ser necesario, en los primeros días o si el niño precisa más alimento porque ha crecido rápidamente (entre los cuarenta días y los tres meses), se puede favorecer el aumento de leche aplicando de forma alterna compresas de agua fría y caliente.

Recuperación después del parto

Durante el embarazo y la lactancia hay un incremento acusado de la glándula mamaria y por tanto de la piel. Tras la retirada hormonal, la glándula involuciona y se atrofia, con lo que la mama pierde volumen. Sin embargo, no así la piel, que se retrae menos. Además, hay una distensión del sistema de ligamentos de la mama, todo lo cual hace que la mama se «caiga».

Mantener las mamas hidratadas durante el embarazo y la lactancia mediante la aplicación de cremas nutritivas y antiestrías es la mejor manera de prevenir problemas. Además, aunque el cuerpo tardará al menos un año en volver a como estaba antes del embarazo, se puede hacer mucho para ayudarlo.

Cuando el médico permita hacer ejercicio, es mejor decantarse en un primer momento por ejercicios localizados que por ejercicios aeróbicos que pueden estropear aún más el pecho debido al bamboleo.

Después del parto, los músculos muestran una mayor atonía y la postura se resiente porque durante el embarazo se ha desplazado el centro de gravedad. Es necesario practicar ejercicios que mejoren la postura y devuelvan tonicidad a los músculos. Los más indicados aparecen en el capítulo «Ejercicios diarios».

No olvides llevar un sujetador día y noche, tanto si das el pecho como si no. Acude a una tienda especializada para que te aconsejen porque seguramente, tras los cambios experimentados en el embarazo, los que tenías antes ya no te servirán.

Además, también puedes usar algunas ampollas que contienen aminoácidos esenciales y que consiguen restablecer la turgencia de los senos.

El pecho
en la menopausia

Durante la menopausia, las mujeres experimentan una regresión glandular y una regresión vascular. Mientras la mujer es fértil, sus glándulas productoras de leche dan consistencia a las mamas, aunque no se esté en el período de lactancia. Una vez llegada la menopausia, la flaccidez se hace notoria a causa principalmente de la atrofia secretora.

El resultado es que el seno se debilita y que la glándula del pecho se empobrece en provecho del tejido fibroso y del tejido graso. Es un proceso que ya empezó a los 25-30 años pero que se hace más evidente cuando los senos dejan de recibir estrógeno y progesterona.

Esto no quiere decir que los senos tengan que venirse abajo totalmente. Si eres constante en su cuidado conseguirás que se mantengan.

La postura
y los senos

Mantener una postura correcta es
fundamental para la salud del pecho.
Y para conseguirlo, nada mejor que
tonificar los músculos con unos
sencillos ejercicios.

Mantén
una buena postura

Empieza por mantener la espalda recta, los hombros hacia atrás y el pecho erguido; parecerás más alta y estilizada. Para saber si tu postura es correcta, obsérvate en un espejo.

Primero ponte de perfil y echa una ojeada a los hombros para determinar si están caídos y echados hacia delante como si llevaras sobre ellos todo el peso del mundo. Si es así, es imposible que tu pecho luzca bien, sencillamente porque lo encierras entre tu caja torácica y no le das opción a que se vea. Es más, haces que cuelgue de forma muy poco vistosa y comprometes seriamente su salud futura.

No es una exageración: si cargas todo el peso del pecho en la piel, ésta (que en esta zona es pobre en fibras elásticas y muy delicada) cede fácilmente y se estropea el pecho.

También puedes saber si tienes una postura correcta haciendo una sencilla prueba. Sin sujetador, pon un lápiz bajo uno de tus pechos procurando estar en una posición habitual en ti. Repite la operación con el otro pecho. Si el lápiz no se cae, tienes tendencia a encorvar la espalda. Procura mantener tu espalda recta y vuelve a hacer la prueba; si el lápiz se mantiene debajo de los pechos es que éstos están algo caídos. No te preocupes, nada que no se pueda mejorar con constancia y ejercicio.

Huye de la vida sedentaria: las malas posturas tirada en el sofá viendo la televisión, conduciendo en automóvil o sentada en cualquier posición son enemigas de tu cuerpo y de tus pechos.

Haz los ejercicios que se detallan más adelante teniendo en cuenta que si trabajas los pectorales para equilibrar también tienes que trabajar los músculos opuestos, es decir, los dorsales y los trapecios. Si refuerzas estos músculos tu postura mejorará. El dorsal mueve una amplia zona de la espalda, mientras que el trapecio es el músculo que ayuda a mover la cabeza y a encoger los hombros.

En contra de lo que podría parecer, una postura correcta no exige rigidez. Al contrario, debe ser natural y poco forzada tanto si estás de pie o andando como si estás sentada.

Adoptar la postura correcta te ayudará a respirar mejor, ya que los pulmones tendrán más espacio y, por tanto, a que tus tejidos se oxigenen y la circulación sanguínea mejore.

Momentos de relajación

No es sano permanecer mucho tiempo en la misma posición. Por este motivo, si estás trabajando realiza descansos de cinco minutos cada hora. Bastará con que te levantes si estás sentada, que andes si estás de pie y que movilices los músculos del cuello y de los hombros.

- Haz rotaciones de los hombros hacia delante y hacia atrás, lentamente.

- Gira el cuello hacia un lado y hacia otro como si negaras.

Si trabajas en un lugar discreto, también puedes aprovechar para estirarte: sube los brazos todo lo que puedas y desentumece la columna vertebral.

- Mueve el cuello hacia un lado y hacia otro como si quisieras tocar el hombro con la cabeza (ten cuidado de no forzar demasiado).

- Mueve también el cuello hacia delante y hacia atrás como si asintieras y, por último, haz amplias rotaciones de cuello hacia un lado y hacia otro. Hazlo todo muy lentamente y con mucho cuidado.

Vigila tu postura

La postura correcta al estar de pie

Mantén la cabeza derecha, de forma que sientas cómo el cuello se estira por atrás. La barbilla debe formar un ángulo recto con el suelo.

Los hombros deben permanecer relajados y echados hacia atrás, alineados sobre los tobillos. Los brazos colgarán suavemente a ambos costados.

La caja torácica deberá estar levantada hacia arriba, como separándose de la cintura. Aproxima los omoplatos para que la caja torácica sobresalga y el pecho se proyecte hacia delante.

Las caderas estarán al mismo nivel y centradas, y el peso del cuerpo se apoyará uniformemente en ambos pies, que deben permanecer algo separados.

Un truco que siempre funciona para mejorar la postura es ponerse un libro sobre la cabeza y andar sin que se caiga.

Los muslos y la espalda deben formar un ángulo de 90°.

El porte delata el ánimo

La correcta postura ante el ordenador

Las piernas y los muslos deben estar en un ángulo de 90° o un poco más. Los pies deben estar en el suelo o, en caso de que no pueda ser así, apoyados en un reposapiés. Nada de tenerlos colgando o recogidos debajo de la silla.

En cuanto a la posición de brazos, antebrazos, muñecas y manos, deben estar en línea recta. Los antebrazos y los brazos también deben hacer un ángulo de 90°. El monitor debe situarse delante del teclado al nivel de los ojos o algo por debajo. La cabeza y el cuello deben estar rectos, los hombros derechos pero relajados y los codos pegados al cuerpo.

A veces una postura incorrecta y decaída no es más que el reflejo de un estado interior negativo. Sentimientos como la timidez o la tristeza, o los complejos y la falta de autoestima hacen que la mujer se pliegue bajo el peso de las circunstancias.

La espalda se encorva, el cuello se inclina hacia delante, el pecho se hunde, los hombros caen e incluso la barriga aparece laxa.

Es el pez que se muerde la cola: cuanto más triste o agobiada estás, peor es tu postura y si tu postura empeora, tu autoestima también cae por los suelos.

Aunque te sientas mal, aprende a mirar al mundo de frente, expande la caja torácica, saca pecho y echa los hombros hacia atrás.

Sube la cabeza y mira de frente.

La postura correcta al caminar

Al caminar y al sentarte, mantén la espalda recta con la cabeza ligeramente levantada. Además de que esta postura te da aire de seguridad, contribuye a que todo el cuerpo siga en su sitio y no se desmorone.

Cuando andes, mantén los hombros hacia atrás pero sin forzar la postura, lleva el cuello recto y la espalda suavemente relajada y procura que tus pasos no sean ni demasiado cortos ni demasiado largos. Una postura equilibrada se caracteriza porque la espina dorsal se mantiene erguida y estirada.

Ejercicios para la postura

Movimiento de la pelvis

Este ejercicio ayuda a proteger la parte inferior de la espalda. Fortalece la parte baja de la espalda y la protege durante todo el día.

Túmbate de espaldas sobre una colchoneta (no hace falta que sea demasiado gruesa). Flexiona las piernas y descansa los pies en el suelo.

Empuja los hombros y la barbilla hacia abajo de forma que el cuello se alargue. Coloca una mano sobre el pubis y otra bajo la región lumbar.

Arquea la espalda creando un espacio entre la región lumbar y el suelo.

Al exhalar el aire, aprieta la región lumbar contra la mano y el suelo de forma que el espacio desaparezca. Con la mano que tienes sobre el pubis debes notar el movimiento hacia arriba.

Respira con normalidad mientras mantienes la posición unos segundos. Relájate y vuelve lentamente a la posición inicial. Repite el movimiento varias veces hasta que lo hagas con facilidad.

Extensión de la columna vertebral

Ponte con la espalda apoyada contra una pared y concéntrate en los tres puntos del cuerpo en contacto con ella: la pelvis, la zona dorsal y la parte posterior del cráneo.

Echa hacia arriba la zona cervical de la columna sin contraer los músculos de la espalda, como si quisieras levantar un peso con la cabeza y dirige el mentón y la mirada hacia delante. Así levantas el esternón y haces que la cavidad torácica sobre la pelvis adopte la forma de una campana, de modo que facilitas la respiración. Los abdominales se contraen y sostienen correctamente los órganos internos. Relájate y vuelve a repetir el ejercicio varias veces.

Extensión cervical

Siéntate sin apoyarte en la pared con las piernas dobladas en la posición del loto de forma que estés cómoda.

Mantén la espalda recta, en especial el cuello, que debes estirar de forma que estés cómoda. La extensión de las cervicales también corrige los hombros caídos.

Cuando estés familiarizada con la extensión cervical, practícala en cualquier situación: haciendo las labores domésticas, trabajando, viajando en tren, en el avión, conduciendo... De esta forma serás cada vez más consciente de tu postura y la mejorarás.

Peso en equilibrio

Se inspira en la forma de andar de las mujeres de pueblos que mantienen la costumbre de llevar jarras u otras cargas en equilibrio sobre la cabeza.

Para mover estos pesos, es necesario mantener la espalda recta y ejercitar los músculos que intervienen en el mantenimiento del porte.

Pon las manos a la altura de la cabeza, gira las palmas hacia arriba con los pulgares hacia delante empujando los codos doblados lo más atrás posible. La cabeza sostiene el peso del objeto y las manos sólo sirven para mantener el equilibrio.

Ejecuta el ejercicio de pie y cuando logres un buen equilibrio anda pausadamente. Mejorarás tu forma de caminar y la postura de tu cuerpo si además andas alternativamente con las plantas y las puntas de los pies.

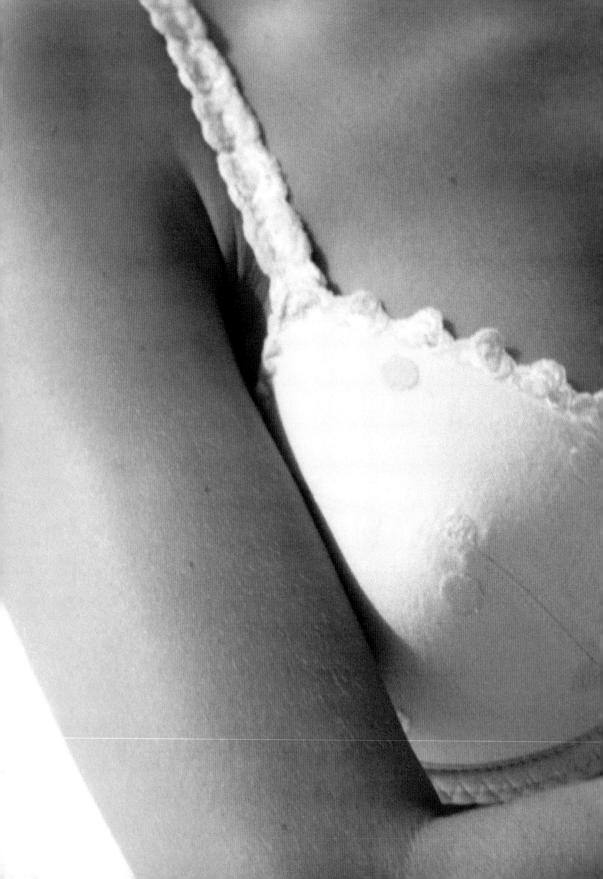

La sujeción del pecho

Porque hay un sujetador para
cada ocasión y tipo de pecho, te
mostramos las claves para escoger
el más indicado.

Escoge un buen sujetador

Hay un sujetador para cada ocasión, pero todos deben tener en común que sujeten bien el pecho sin apretarlo. En algunas ocasiones especiales puedes permitirte usar uno tipo Bra que, aunque es muy rígido para los días de cada día, puede darte un toque muy especial en alguna velada.

El éxito de tu sujetador que, por otra parte es lo único que protege durante todo el día el pecho de la gravedad, depende de que sea de tu talla, se ajuste a tu pecho y sea de tejidos transpirables.

El sujetador debe contribuir a aguantar el peso de los senos, pero, en ningún caso debe levantarlos ni tampoco aprisionarlos o constreñirlos.

Cada ocasión requiere un tipo de sujetador: para hacer deporte, para uso diario, para noches locas, para fiestas especiales, durante el embarazo, durante la lactancia, para estar por casa... Cuidado en este último punto: un sujetador para estar por casa no tiene por qué ser un sujetador viejo, al contrario, debería ser uno especialmente cómodo y que se ajustara a tus medidas.

Un consejo: quema todos los sujetadores viejos que tengas; lo único que conseguirás con ellos es sentirte mal. Llevar ropa interior seductora te aporta un plus de confianza en ti misma, y no me refiero a caros conjuntos llenos de blondas; también pueden ser muy se-

Los pectorales

Son los músculos que el pecho recubre. Son dos: el pectoral mayor (un músculo largo) y el pectoral menor (situado detrás de éste).

El **pectoral mayor** cubre las primeras costillas y se extiende desde el esternón hacia el lado del pecho, donde forma un tendón que une la parte alta del húmero hasta encima del hombro.

El **pectoral mayor** es el aductor y rotador del brazo hacia el interior. Permite efectuar lanzamientos, dar puñetazos y el golpe de *drive* en el tenis.

Si los pectorales están en forma es más fácil que el pecho se mantenga en su sitio. Por otro lado, no hay que dejar que el pecho se mantenga por sí solo (puede dañarse al efectuar movimientos bruscos), sino que debe sostenerse con un buen sujetador que lo mantenga en su sitio sin levantarlo ni apretarlo.

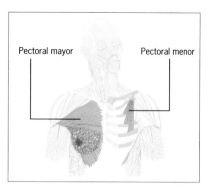

Pectoral mayor   Pectoral menor

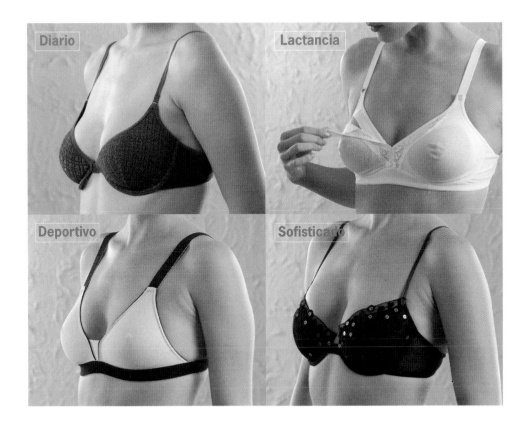

Diario

Lactancia

Deportivo

Sofisticado

ductores los conjuntos minimalistas, los juveniles y picarones, o los impolutos conjuntos blancos con algunos lacitos bien distribuidos...

No es broma, un sujetador que no se ajuste a tu pecho puede ser muy incómodo, pero también puede causarte problemas de espalda o de piel, o acabar con la salud de tus pechos.

Un dato preocupante: los expertos calculan que alrededor de un 70 % de las mujeres llevan un sujetador que no es adecuado para sus características.

Recurre a una corsetería para calcular tu talla. Esta depende del contorno del tórax y del tamaño de la mama. Es posible escoger sujetadores con un contorno de pecho y varios tamaños de copa, de forma que puedan encontrar su sujetador tanto las que sean estrechas de espalda y tengan un pecho abundante como las que tienen poco pecho y son anchas de espalda.

Cuando escojas tu sujetador, ten en cuenta que el tamaño del pecho varía. Pueden afectarle un cambio de peso, un embarazo, la lactancia y el paso del tiempo. Durante el ciclo menstrual también hay variaciones significativas del tamaño de las mamas, por lo que puede ser una buena idea tener un sujetador un poco más holgado para que el pecho no quede aprisionado si se hincha.

Qué debes tener en cuenta

La función del sujetador es mantener el pecho en su sitio y evitar que se balancee demasiado al moverse, lo que podría provocar pequeños desgarros en los tejidos y, por lo tanto, que el pecho caiga prematuramente.

La palabra que debe definir al sujetador es «comodidad». Los tirantes deben ser ajustables y no demasiado delgados ni tensos para no lastimar la piel ni causar tensión muscular a la altura del hombro.

Los laterales y la tira de la espalda deben ser también anchos para que la tensión se reparta de forma armoniosa. Un buen sujetador debe mantener firme la base del pecho para asegurar la relajación de la piel y limitar los movimientos hacia abajo.

Un sujetador realzará el pecho y corregirá sus defectos sin que se note demasiado su acción. Un buen sujetador no debe subir, ni separar ni juntar los senos.

Para saber si las cazoletas se ajustan a tu pecho, muévete: inclínate hacia delante y observa si el seno se mueve. Si es así, no es tu talla. Sube los brazos para comprobar que el sujetador se queda en su sitio. Si el sujetador sube hacia arriba, es que no se ajusta a tu perímetro. No dudes en pedir consejo a una corsetera para que te indique tus medidas exactas y la talla y la copa de sujetador indicadas para ti.

La talla

Para calcular la talla, toma la medida de tu contorno por debajo del seno, sobre las costillas. A continuación debes escoger entre tres medidas de copa: pequeña, mediana, grande o extra grande (A, B, C o D), según el tamaño de tu pecho. Si no estás segura, pide ayuda a una corsetera.
Un ejemplo: si mides 87 cm bajo el pecho y 99 cm alrededor, tu talla es la 100 copa A.

Contorno bajo el pecho (cm)		58-62	63-67	68-72	73-77	78-82	83-87	88-92	93-97
Contorno	Copa A			77-79	82-84	87-89	92-94	97-99		
de	Copa B	74-76	79-81	84-86	89-91	94-96	99-101	104-106	109-111
pecho	Copa C			86-88	91-93	96-98	101-103	104-108	111-113
	Copa D			88-90	93-95	98-100	103-105	108-110	113-115
TALLAS		**75**	**80**	**85**	**90**	**95**	**100**	**105**	**110**

Algunos problemas por solucionar

El sujetador te deja marcas en la piel

Si las marcas no están en la zona baja y no desaparecen al cabo de unos veinte minutos de haberte quitado el sostén, llevas un sujetador que no se ajusta a tus formas o es demasiado pequeño para ti. También puede ser que el tejido te irrite la piel.

El cierre de la espalda se sube

Este sujetador te está grande de contorno. Si puedes deslizar más de dos dedos entre el tirante de la espalda y tu cuerpo es que el sujetador es grande. Puede ser que la copa sí sea de tu talla, por lo que entonces deberás escoger una talla menos de contorno.

Parte del pecho sobresale, apretado por las copas

La copa es demasiado pequeña. Si llevas un sujetador de media copa puede dar la sensación de que el pecho no queda tan recogido, pero en ningún caso debe asomar como si estuviera comprimido.

Los tirantes se te caen

Deberías usar sujetadores con tirantes ajustables que puedas alargar o acortar para que ni te hagan daño ni se te caigan.

Cuando levantas los brazos el sujetador sube

Es demasiado grande, prueba con una talla menos. Quizás también tengas un problema con las copas.

Se te irrita la zona de debajo del pecho

Seguramente ni la forma de tu sujetador es la más indicada para ti ni la fibra que lo compone es adecuada. Prueba con alguna fibra natural o con alguna microfibra de última generación, que permiten la transpiración natural y son muy flexibles y suaves.

El centro del sujetador queda alejado del cuerpo

Si el punto donde se unen las copas no queda pegado al cuerpo, seguramente las copas son demasiado pequeñas.

Las copas están arrugadas

Quizás la copa es demasiado grande o tiene una forma demasiado redondeada. Puedes probar con otra forma de copa o, si sueles tener problemas de adaptación, por tejidos *stretch*, que ajustan mucho mejor.

El embarazo y la lactancia

No escatimes esfuerzos a la hora de escoger tu sujetador. Si durante el embarazo tu pecho cambia de tamaño, usa un sujetador adecuado a cada etapa. Si tanto aumenta tu pecho, quizás debas usar el sujetador día y noche.

Durante la lactancia el sujetador no debe oprimir, excepto si con la subida de la leche las mamas están muy tensas; entonces sí es conveniente que oprima ligeramente. Los sujetadores más cómodos para este periodo son los que permiten descubrir un pecho cada vez. Sin embargo, los sujetadores típicos para la lactancia (con las copas que pueden abrirse) son mucho más prácticos porque permiten dar de mamar al bebé discretamente en cualquier situación, al no descubrir el seno totalmente sino poco más que la areola y el pezón.

Un sujetador para cada

Pecho pequeño

Aunque pueda parecer lo contrario, también necesita sujeción, especialmente cuando practicas deporte o inmediatamente antes de tus reglas o durante ellas.

Elige un sujetador que se adapte a tus formas, preferiblemente sin aros, ya que si tu pecho es más bien escaso no son necesarios y te sentirás más natural y cómoda.

Si en alguna ocasión quieres lucir más pecho, puedes usar un sujetador con almohadillas o un sujetador de última generación con silicona o gel, que producen un efecto más natural.

No uses un sujetador tipo Bra, pues sólo conseguirás que se vea que llevas uno puesto y no realzarás el pecho.

También puedes optar por los sujetadores con cazoletas cruzadas en medio del pecho, que los realzarán y juntarán delicadamente.

Pecho mediano

Puedes usar todos los modelos, con y sin aro, siempre y cuando se adapten a la morfología de tu pecho.

Un ejemplo: hay mujeres a las que los modelos balconette sientan espléndidamente pero a otras, con pechos más redondeados, estos se les salen por todas partes.

Pecho grande

Elige un modelo con aro para una mejor sujeción.
Antiguamente los médicos criticaban los sujetadores con aros, pero hoy en día estos modelos son muy cómodos y ligeros y no aprisionan el pecho innecesariamente.

Si no quieres un sujetador con aros, elige uno que tenga un buen patronaje y un triángulo entre los senos para mantener la distancia correcta entre ambos.

Si además tu espalda es ancha, elige un sujetador que lleve bandas extensibles debajo de los senos. En el mercado hay sujetadores reductores que pueden ayudarte a disimular pecho.

Pechos desiguales

Aunque los dos pechos son siempre de distinto tamaño y forma, no suele ser apreciable a simple vista. Si en tu caso la diferencia es muy evidente, tienes dos soluciones dependiendo de cuál sea el problema. Si un pecho es menos voluminoso que otro, puedes quitar el relleno de la copa del pecho más grande. Si el problema es de altura, puedes recurrir a tirantes ajustables para equiparar las alturas de ambos.

Pechos caídos

El sujetador tiene que levantarlos de forma que se queden en su sitio cómodamente durante todo el día. Escoge un sujetador que haga presión en la parte baja del busto y realce el pecho mediante tejidos rígidos, aros y tirantes resistentes.

Pechos separados

Busca sujetadores en los que la junta central esté reforzada y los laterales tengan costuras en forma de T que junten los senos. También te pueden ayudar los sujetadores con refuerzo o relleno lateral.

Los básicos

Son sujetadores ideales para usar a diario por su comodidad. Deben tener tirantes y bandas laterales más bien anchos y una pieza central que aguante mejor los pechos. Se trata de piezas muy completas con escote en forma de «V» y de los más diversos materiales, ya sea algodón, microfibra o incluso blonda.

OTROS TIPOS DE SUJETADORES

Bandeau No son aptos para chicas con mucho pecho. Son una tira de tela muy confortable siempre y cuando lleven bordes antideslizantes que impidan que acaben en la falda... No llevan aros y no se marcan.

Moldeadores Sujetadores compuestos de muchas piezas que se ajustan perfectamente al pecho y que reducen ópticamente su tamaño, por lo que son muy adecuados para mujeres de pechos grandes.

Fantasía Sujetan un poco menos y están indicados para pechos pequeños. Los tejidos son mimosos y sutiles. Dan la sensación de ser una «segunda piel».

Balconette

Tienen forma de cesto, suben el pecho y lo redondean. Este tipo de sujetador realza los senos y está especialmente indicado para pechos puntiagudos.

Los hay en diferentes versiones: sofisticados, de fantasía, con tirantes de quita y pon... En todos los casos el resultado es un escote amplio y muy llamativo.

Sujetadores efecto *push up*

No son tan rígidos como el tipo Bra pero suben algo los pechos y crean escotes muy favorecedores. No conviene abusar de ellos.

Tipo Bra

Para pechos generosos y ocasiones especiales.

El body

Es una opción muy sexy que, además, con vestidos o ropa especialmente ceñida puede ayudarte a suavizar pequeños defectos.

El deportivo

Una banda ancha sujeta la base de los senos, los tirantes anchos y flexibles impiden un bamboleo excesivo y una forma especial que permite todos los movimientos.

Convierte la moda exterior en tu aliada

La ropa puede hacer mucho por nosotras y equilibrar defectos. Si usas el sujetador más adecuado para tu forma de pecho y realzas éste o lo reduces ópticamente puedes apoyarte también en la ropa exterior para conseguir un efecto más armonioso y acabar de disimular los pequeños defectos o resaltar las partes más agraciadas de tu anatomía.

Poco pecho. Usa camisas con bolsillos, pliegues o frunces a la altura del pecho. Lleva solapas anchas. Viste tops drapeados que no sean muy ajustados y vestidos y prendas de corte imperio. Los escotes serán de barco o cuadrados con tirantes anchos. También puedes llevar camisetas o tops adaptados al cuerpo y con coloristas rayas horizontales que destacarán tus formas.

Mucho pecho. Elige tejidos que se adapten suavemente a las curvas y vestidos que envuelvan el cuerpo ligeramente. Los escotes de pico reducen visualmente el pecho. No uses escotes demasiado pronunciados, los ideales para ti son los de 5 ó 6 cm por debajo del cuello. No caigas en la tentación de taparte demasiado, parecerás más voluminosa. Las chaquetas deben ser entalladas y con hombreras pequeñas.

Cuello corto. Para corregir ópticamente un cuello corto y mejorar el escote, puedes escoger cortes camiseros que llevarás muy abiertos, o grandes escotes redondos.

Cuerpo generoso. Si tienes muchas formas y una buena talla de sujetador puedes optar por un amplio escote de pico y, si además, tienes hombros redondeados y vistosos ponte un escote en barco ya que realzará tu figura y la equilibrará.

Bajita y redondeada. Alarga la silueta llevar la ropa y los complementos del mismo color. Usa una chaqueta algo entallada y un poco por debajo del trasero para marcar más tus formas y para que el perímetro del pecho no se iguale con el resto del cuerpo y te haga parecer más redonda.

Los materiales del sujetador

El algodón, preferiblemente combinado con un tanto por ciento de fibra elástica para que conserve mejor su forma y no se encoja, es un buen material porque es fresco, absorbe la transpiración y no provoca alergias. Aunque lleve fibra elástica en su composición, debe lavarse con mucho cuidado porque es un material delicado. También son un material excelente las microfibras, por ser muy suaves, frescas y adaptables. Las fibras sintéticas tienen la ventaja de que los colores son más sólidos, las formas más estables y el mantenimiento muy fácil.

La seda es un material muy sofisticado, pero muy poco práctico. El mantenimiento es complicado.

De todas formas, es recomendable lavar a mano todos los sujetadores porque la lavadora los deteriora y los suavizantes pueden acabar con los elásticos y, desde luego, las delicadas blondas no aguantarán.

57

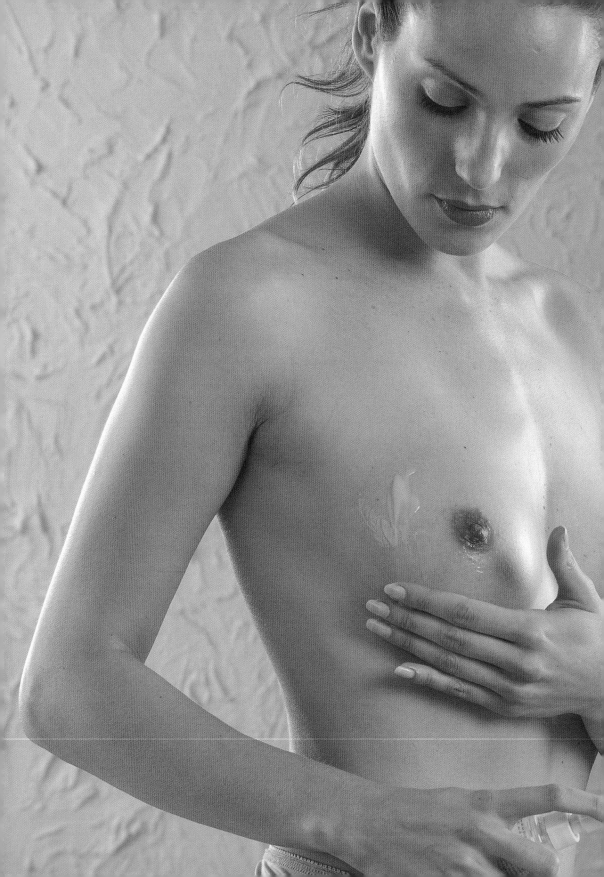

El poder de la cosmética

Cuidar tu pecho a diario puede convertirse en un auténtico placer con la amplia gama de productos cosméticos y de remedios naturales que tienes a tu disposición.

Productos específicos para el pecho

Así como cuidas los pechos, también debes cuidar el cuello y el escote, especialmente en verano, pues tienden a resecarse más por los efectos del sol. En esta época del año no olvides aplicar una mascarilla hidratante; algunas de ellas no es necesario retirarlas.

Otro aliado útil, especialmente si vives en la ciudad, son las cremas pensadas para defender la piel de la contaminación ambiental, con refuerzo de hidratación y filtro solar.

También hay cremas específicas que mantienen la hidratación, eliminan asperezas, suavizan y mejoran la elasticidad cutánea.

Si vas a hacer dieta, aplícate una crema tensora todos los días y activa la circulación del pecho y del cuerpo en general con agua fría. Zonas problemáticas como las piernas o los glúteos también te lo agradecerán.

Si usas una crema reafirmante, aplícala dos veces al día: una después de la ducha matutina, ya que entonces los poros se encuentran más abiertos, y otra por la noche, pues entonces aumenta el ritmo de regeneración celular. Una de las últimas incorporaciones a la cosmética son los flavonoides. Se trata de unas estructuras moleculares que se encuentran en los pigmentos de los vegetales y que los protegen de la radiación UV y que incorporados a cremas (lo que fue un reto para la industria cosmética) previenen la formación de arrugas y activan los mecanismos de defensa de la piel contra las alergias solares.

Algunos productos que

Las cremas, los geles o los serums específicos para la piel del pecho han sido diseñados para tonificar, tensar e hidratar en profundidad. Si se aplican con regularidad actúan contra el envejecimiento y el relajamiento de la envoltura cutánea del pecho. Es importante extenderlas con movimientos ascendentes desde la base de los senos hasta el cuello, insistiendo en el «sostén» natural. Destacamos:

- **Elancyl reafirmante de senos.** Ideal para recuperar la tonicidad y firmeza de los senos. Destaca por su contenido en elastina, vitamina E, proteínas de trigo y agua de menta pigmentada.

- **Clarins Lait Buste.** Tratamiento intensivo de efecto rápido y visible que tensa la piel del «sostén natural». Conserva la firmeza y mantiene la apariencia de juventud del busto y del escote, suavizando la piel y proporcionándole flexibilidad.

- **Anne Marie Borlind:** System absolute serum escote y busto: con extractos de hierbas de cultivo biológico, este producto es muy recomendable por su eficacia en las zonas más profundas de la piel, donde su acción de fortalecimiento, vigorización y tonificación es óptima.

La hidratación es la base de una piel sana y reluciente. No olvides aplicarte crema hidratante, tensora o nutritiva en toda la zona de los senos. Cuando lo hagas en el rostro, extiéndela también en el cuello y escote. Para el pecho puedes utilizar la misma hidratante (loción, aceite, crema…) que uses para el resto del cuerpo. La crema **body butter** de **Clinique** con manteca de karité y vitamina E hidrata y suaviza intensamente la piel y la mantiene hidratada durante todo el día. Ideal para pieles secas o deshidratadas. Contiene humectantes que retienen la humedad de la piel.

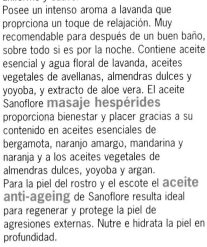

• **Sanoflore loción hidratante corporal.** Hidrata, nutre y da flexibilidad a la piel. La deja más uniforme y suave. Posee un intenso aroma a lavanda que proprciona un toque de relajación. Muy recomendable para después de un buen baño, sobre todo si es por la noche. Contiene aceite esencial y agua floral de lavanda, aceites vegetales de avellanas, almendras dulces y yoyoba, y extracto de aloe vera. El aceite Sanoflore **masaje hespérides** proporciona bienestar y placer gracias a su contenido en aceites esenciales de bergamota, naranjo amargo, mandarina y naranja y a los aceites vegetales de almendras dulces, yoyoba y argan. Para la piel del rostro y el escote el **aceite anti-ageing** de Sanoflore resulta ideal para regenerar y protege la piel de agresiones externas. Nutre e hidrata la piel en profundidad.

Si deseas lucir una piel espléndida tras un largo día agotador, el **roll-on piel cansada** de Sanoflore revitaliza y da brillo a la piel cansada. Ideal para después de jornadas largas de trabajo. Contiene aceites esenciales de bayas de enebro, aceite esencial de romero, geranio rosado, naranjo amargo y lemongras.

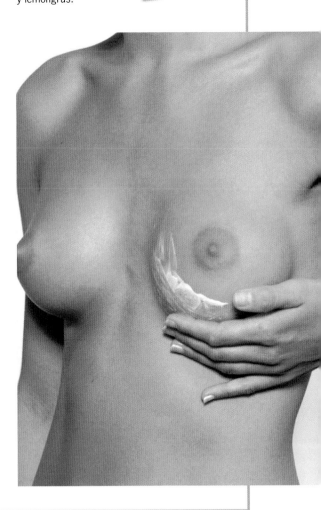

61

Protección contra el sol

Pretender conseguir un tono moreno subido no es nada recomendable para nuestra piel. El sol es beneficioso en pequeñas dosis y siempre con la protección adecuada; más en la fina piel de los senos, mucho más vulnerable a las quemaduras y al envejecimiento. Un dato: si tomas el sol sin la protección adecuada, estás provocando casi el 75 % del envejecimiento prematuro de la piel.

Usa una crema solar con factor de protección alto. No creas que tardarás más en broncearte por usarla o que no lograrás ponerte morena, al contrario, conseguirás un magnífico tono dorado sin castigar tu piel. No expongas tu piel al sol al mediodía, entre las 11.00 h y las 16.00 h.

Puedes preparar el cuerpo para el sol con antelación siguiendo una dieta rica en betacarotenos (sobre todo zanahorias) y tomando complementos alimenticios naturales a base de verduras como zanahorias y judías verdes.

La fina piel del pecho y el escote es muy sensible y delicada, por eso utilizar protección solar se hace imprescindible para prevenir la aparición de manchas y protegerla del sol. Recomendamos la crema protección extrema de **Avène 60 UVB UVA** que puedes encontrar con tres texturas distintas (libre de grasa, normal y coloreada) con la máxima protección.

La industria cosmética ha desarrollado derivados de los flavonoides biotecnológicamente modificados que protegen diez veces más que la vitamina E contra los radicales libres.

También es un aliado de la belleza de tus senos el colágeno, que ayuda a mantener la piel tersa, suave, hidratada y elástica. El colágeno es una proteína y es el principal constituyente orgánico del tejido conjuntivo (70 %) y de la sustancia orgánica del hueso y el cartílago.

En el proceso de envejecimiento, el colágeno, que es flexible y capaz de absorber la humedad y tiene moléculas que se pueden desplazar en relación a las otras, degenera y ya no cumple bien con su cometido. Cuando la piel envejece, las moléculas de colágeno tienden a cruzarse y se forma el colágeno insoluble: las moléculas ya no son flexibles, el

tejido conectivo pierde su capacidad de absorber humedad y la piel se reseca, se marchita y se arruga. Estudios recientes han demostrado que la aplicación de colágeno en la piel ayuda a paliar la degeneración del tejido y estimula la producción de nuevo colágeno y la regeneración de las células. Es preferible usar cremas en cuyo envase ponga «colágeno soluble» y que no contengan alcohol porque lo desnaturalizan. Las cremas más efectivas para cuidar el pecho y humectarlo son las que tienen semillas de uva como base, colágeno y elastina, otra proteína del tejido conjuntivo.

Otras sustancias interesantes para la piel de los senos y para la piel en general son la placenta (estimula la actividad celular), el líquido amniótico (reafirmante e hidratante epidérmico), el retinol (vitamina A) y las ceramidas.

Plan diario de belleza de los senos

1 **DESMAQUILLA** cada noche los senos y la zona del escote con una leche limpiadora suave.

- **Avène** loción limpiadora para pieles sensibles e irritables. No precisa aclarado, es muy rica en agua termal de Avène; calma y suaviza la piel.

2 Una vez al mes usa un **PEELING** que no sea agresivo, ya que la piel de esta zona es muy delicada. Retira los restos del *peeling* con agua fría.

- La crema exfoliante **Sanoflore** afina y suaviza la piel.

3 Después del *peeling* o de la desmaquilladora, según el día, aplica una **CREMA HIDRATANTE**. No olvides hidratar también los hombros, la zona del escote y el cuello.

- Las cremas **Jason** (corporal y facial) de aloe vera son ideales para hidratar las pieles sensibles y delicadas.

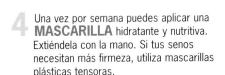

4 Una vez por semana puedes aplicar una **MASCARILLA** hidratante y nutritiva. Extiéndela con la mano. Si tus senos necesitan más firmeza, utiliza mascarillas plásticas tensoras.

Las mascarillas son el complemento ideal después de un peeling: limpian, equilibran, hidratan, reafirman y le devuel-

ven a la piel toda su tersura. Purificantes para reducir el exceso de grasa, hidratantes si tu piel está apagada, relajantes para épocas de estrés... Sólo requieren de 10 minutos a media hora, una vez a la semana o cada quince días, aunque algunas mascarillas (sobre todo las hidratantes y las nutritivas) pueden dejarse actuar durante toda la noche, para que sus efectos revitalizadores se prolonguen durante las horas del sueño.

- La mascarilla facial al aceite de árbol de té de **The Body Shop** es ideal para limpiar en profundidad. Para aportar elasticidad y tersura a la piel, la mascarilla reafirmante **Sanoflore,** gracias a sus aceites vegetales altamente nutritivos y emolientes, deja la piel del rostro, cuello y escote fina y tersa.

5 Si estás a dieta, puedes prevenir la aparición de estrías aplicando un producto **ANTIESTRÍAS**. La manteca de cacao es uno de los ingredientes más eficaces para lograr una profunda hidratación de la piel y evitar así las estrías.

- El stick de manteca de cacao de **The Body Shop** es ideal para prevenirlas.

6 No olvides realizar **EJERCICIOS** para los senos.

Aceites naturales para la piel

El **aceite vegetal de almendras dulces**, de venta en herbolarios y casas de dietética, es un producto excelente para nutrir e hidratar los senos y todo el cuerpo. Puedes comprar aceites esenciales para aromatizarlo y enriquecerlo. Añade en 30 ml de aceite base (de almendras dulces) 15 gotas de aceite esencial (para una dilución normal) o bien 7 gotas (si quieres una dilución baja). Hoy en día es difícil encontrar un verdadero aceite vegetal de almendras dulces de primera presión en frío de cultivo biológico sin que esté adulterado con aceite de girasol, por eso es conveniente que te asesores bien a la hora de comprarlo.

El **benjuí**, por ejemplo, al aplicarlo en la piel proporciona calor, por lo que ayuda a estimular la circulación sanguínea y también suaviza la piel y ayuda a cicatrizar las heridas.

El **azahar** (o neroli) renueva las células y estimula el crecimiento celular. Además resulta ideal para pieles cansadas.

Borraja (*Borraja officinalis*): conviene mezclarlo siempre con un aceite vegetal de almendras dulces debido a su facilidad de ranciarse. Es un gran regenerador de la piel e ideal en los tratamientos estéticos.

El de **cedro** es eficaz contra las pieles grasas y el acné, y suaviza las pieles sensibles. Este aceite esencial emana un perfume del bosque balsámico y profundo que recuerda al sándalo.

La **citronela** es purificante y estimulante de los tejidos y de la circulación sanguínea y un excelente tónico.

Yoyoba (*Simmondsia chinensis*): está indicado principalmente par el rostro y pieles con acné.

El **geranio bourbon** tiene un perfume floral muy pronunciado; limpia y tonifica todo tipo de pieles.

La **lavanda officinale**, con su perfume ligero, suave y floral es ideal para todo tipo de pieles. Relaja, calma, posee propiedades cicatrizantes y sirve para iritaciones cutáneas.

La **menta piperita** es un aceite esencial tonificante y estimulante general. Está especialmente indicada para pieles grasas por sus propiedades astringentes.

Albaricoque (*Prunus armeniaca*): tiene una gran capacidad de penetración. Es un buen hidratante natural, y está indicado para pieles secas y sensibles.

Uva (*Vitis vinifera*): es adecuado para todo tipo de cutis, especialmente para las pieles grasas.

El de **rosa** ofrece un suave y delicado perfume. Apacigua y armoniza el espíritu y cuida y rejuvenece las pieles secas y sensibles. Es el aceite esencial más caro de todos.

Rosa de mosqueta

(Rosa moschata): da elasticidad a la piel y además ayuda en la prevención de estrías del embarazo. También es muy indicado para las irritaciones del pañal en los bebés.

Sésamo *(Sesamum indicum)*: este aceite se utiliza mucho en los masajes ayurvédicos. Normalmente se añade a otros aceites base para enriquecerlos. También actúa como suave filtro de rayos UV solares.

El de **salvia sclarea** posee un perfume delicado y floral. Relaja y equilibra el espíritu. Es un estimulante cutáneo.

También existen otros aceites vehiculares, como el de **aguacate** *(Persea gratísima)*, el de **germen de trigo** *(Triticum vulgare)* y el de **oliva** *(Olea europaea)*. Se caracterizan por ser más viscosos, densos y difíciles de emplear solos. Por este motivo se utilizan entre el 10 % y el 15 % mezclados con otros aceites base (como el de almendras dulces, yoyoba, etc.). También encontramos productos de cosmética con aceite de **coco** *(Cocos nucifera)*. Los aceites vegetales de coco, de oliva y de aguacate son emolientes, naturales y humectantes (atraen la humedad), y controlan el intercambio de humedad entre la piel y el medio ambiente.

El **ylang ylang** (significa «flor de flores») con perfume oriental y exótico, calma, relaja el cuerpo y el espíritu y es útil para el cuidado de las pieles secas.

Aplica el aceite con un suave masaje por la noche antes de ir a dormir y seguidamente ponte ropa de algodón para facilitar la oxigenación de la piel. Por la mañana dúchate normalmente y aplica una generosa capa de crema hidratante en tu piel.

El **limón** contribuye a purificar y limpiar el organismo, evita la flacidez de los tejidos cutáneos y favorece la microcirculación.

Otro buen aliado de la frágil piel de los senos es la **miel**, que suaviza la piel y ayuda a cerrar las grietas en el embarazo o la lactancia. La miel nutre la piel y activa la circulación superficial. Combate la sequedad, las arrugas y las impurezas.

Contra la insolación y las irritaciones cutáneas resulta un alivio eficaz la mezcla de miel, glicerina y zumo de limón.

Recetas naturales

LIMPIADORES

• Crema limpiadora de leche y miel

15 ml de agua
10 g de miel ligera
125 ml de leche
1 yema de huevo

Calienta el agua con la miel sin dejar de remover hasta que se funda. Aparta del fuego y añade la leche y una yema de huevo. Bate hasta que obtengas una mezcla homogénea.

• Jabón de miel

100 g de jabón de Marsella
100 g de agua
250 g de miel

Corta a tiras el jabón de Marsella. Calienta todos los ingredientes y deja hervir unos minutos. Aromatiza con tu esencia preferida y vuelca en moldes.

El jabón de miel ayuda a conservar la piel firme y elástica.

Fricciones en seco

Las fricciones en seco favorecen las irrigación sanguínea de la epidermis y las capas celulares subyacentes. Además, ayudan a suavizar la piel y a desprender células muertas.

Utiliza un **cepillo** seco que no sea demasiado duro ni demasiado blando y que tenga una empuñadura por la que puedas pasar los dedos para que sea más fácil de manejar.

Pasa el cepillo suavemente por los senos y los tejidos circundantes con **movimientos circulares** hasta que la piel se sonroje un poco.

Después, aplica un aceite hidratante con un suave masaje también circular. Extiende el aceite sobre los pechos, los pezones y los tejidos de alrededor siguiendo el perfil de los pechos y sin estirar los tejidos.

Aplica el **aceite** (de almendras dulces, por ejemplo) desde el pecho hasta el cuello siguiendo la dirección de las fibras y los ligamentos que sostienen naturalmente el pecho y esparce el aceite por la zona entre el cuello y los pechos con amplios movimientos de la mano hasta llegar a los hombros.

HIDRATANTES Y REVITALIZANTES

• **Cold-Cream con aceite de rosas**

  120 g de cera blanca
  250 ml de aceite de almendras
  130 ml de agua de rosas
  1 cucharada de bórax
  16 gotas de aceite de rosas

Pon la cera al baño maría hasta que esté líquida. Vierte el aceite de almendras sobre la cera sin dejar de remover. En otro cazo, calienta a fuego lento el agua de rosas con el bórax hasta que éste se haya disuelto. Vierte este último preparado en el aceite de almendras con la cera, removiendo sin parar.

Añade el aceite de rosas y sigue removiendo hasta que la crema esté fría. Guarda en un tarro con tapón de rosca en un lugar fresco.

• **Crema de caléndula**

  200 g de cera virgen de
  abejas
  750 ml de aceite de oliva
  5 puñados de flores frescas
  de caléndula

Recoge las flores después de que hayan recibido varias horas de sol. No deben estar mojadas ni tener rocío por encima.

Pon todos los ingredientes en un cazo a fuego lento. Cuando rompa a hervir, apártalo del fuego y déjalo reposar toda la noche.

Por la mañana caliéntalo, cuélalo y échalo en frasquitos. Reserva en un sitio seco, fresco y oscuro. Aplica una gruesa capa de crema en las zonas a tratar.

¿Cuáles son las funciones de los aceites vehiculares o aceites base?

Actúan como portadores (vehículo) en la aplicación de los aceites esenciales sobre el cuerpo.
Recordemos que todos los aceites esenciales (neroli, limón, menta, ylang-ylang...) nunca deben aplicarse directamente sobre la piel.
Actúan como lubricantes para facilitar los movimientos durante el masaje.
Además tienen propiedades terapéuticas. Su riqueza en ácidos grasos mono y poliinsaturados, vitaminas (A y complejo del grupo B) y oligoelementos, hacen de estos aceites productos beneficiosos para la salud y la estética.
Los aceites base también se conocen como aceites fijos porque no se evaporan (a diferencia de los aceites esenciales, cuya característica principal es su volatilidad). Los aceites vehiculares más frecuentemente utilizados en aromaterapia son el aceite de almendras dulces y el de pepitas de uva.

TÓNICOS

• **Tónico revitalizante de ron y limón**

  20 ml de ron blanco
  20 ml de zumo de limón

Mezcla los ingredientes y aplica con un ligero masaje sin llegar al pezón. Date una ducha de agua fría. Ideal para pieles grasas y normales.

• **Infusión revitalizante de corazoncillo**

  1 cucharada de corazoncillo
  1/2 l de agua hirviendo

Prepara una infusión. Toma dos vasos cada día para revitalizar la piel y los senos. Puedes reforzar el efecto revitalizador aplicando compresas frías de la misma infusión.

• Tónico de consuelda

25 g de raíces de consuelda

1 l de agua

Está indicado contra las grietas. Haz una infusión con la consuelda en el agua hirviendo. Deja reposar durante 15 minutos y filtra. Aplica caliente dos veces al día.

Este tónico va muy bien contra las grietas y la piel arrugada.

• Emplasto revitalizante

4 rodajas de piña

75 g de harina de trigo

Tritura las rodajas de piña y mézclalas con la harina. Distribuye esta mezcla por encima de los pechos y cúbrelos con una toalla. Mantén treinta minutos y luego aclara con abundante agua fría.

Después del baño

• Aceite de albaricoque y canela

100 ml de aceite de albaricoque

3 gotas de esencia de canela

Es una buena hidratante corporal, con un aroma muy especial y delicado. Es muy bueno para tratar zonas delicadas, como la de los senos.

Pon los ingredientes en un frasco, ciérralo bien y agítalo para que se mezclen. Agita este preparado siempre que lo tengas que usar.

CREMAS NUTRITIVAS

• Crema nutritiva de sésamo y miel

240 ml de aceite de sésamo

15 g de crema no concentrada

1 yema de huevo

7 g de sal

5 g de lecitina

80 ml de vinagre de Sidra

10 g de miel

Esta crema da muy buenos resultados en caso de pieles secas y también para el cuidado de los pechos durante el embarazo. Se puede potenciar el efecto de esta crema o de cualquier otra friccionando con cuidado los pechos en movimientos circulares con un cepillo suave. No masajees los pezones. Esta acción revitalizará la circulación sanguínea y hará que la crema penetre mejor.

Mezcla la quinta parte del aceite de sésamo, la crema, la yema de huevo y la sal. Añade 50 ml más de aceite y la lecitina y sigue moviendo. A continuación agrega el vinagre de sidra, la miel, el aceite restante y unas gotas de aceite perfumado con tu aroma preferido. Sigue removiendo la crema resultante durante un par de minutos más. Envásala y resérvala en el frigorífico para conservarla.

Incorpora una mascarilla nutritiva en tu plan de belleza del escote y los senos.

MASCARILLAS NUTRITIVAS

Puedes usar una mascarilla una vez por semana. Aplica en la zona del escote y en los pechos. Utiliza un pincel plano para aplicar la mascarilla, que no debe cubrir el pezón. Deja actuar durante 20 minutos. Pasado este tiempo, retira con una ducha de agua caliente y termina con un chorro de agua fría.

• Para piel grasa:
mezcla 100 g de arcilla y una clara de huevo batida.

• Para piel normal:
disuelve 30 g de harina de maíz en 75 ml de zumo de naranja. Añade media cáscara de naranja rallada y 25 g de yogurt.

• Para piel seca:
mezcla una yema de huevo, 8 g de aceite de oliva y 20 g de germen de trigo hasta obtener una pasta fina.

• Para las arrugas y la flaccidez:
mezcla 1/2 corteza de limón y una yema de huevo.

Masaje de senos

Potenciarás el efecto de la crema si la aplicas con un suave masaje reafirmante. No oprimas nunca los pechos; si los presionas demasiado puedes obtener un efecto contrario al deseado.

Usa una crema reafirmante si tu objetivo principal es dar firmeza a tus senos. Si quieres hidratar y dar elasticidad a la piel, usa una crema hidratante o nutritiva.

Extiende la crema abundantemente por la zona y realiza con la mano plana **maniobras circulares** ascendentes en cada seno,

empezando por debajo del seno hacia la axila hasta dar la vuelta completa.

Seguidamente **realiza un ocho** con una mano alrededor de los senos. Empieza poniendo la mano de forma que sujete el pecho por debajo, deslízala hacia la parte superior del otro seno, rodéalo por la parte externa y sube hacia el seno opuesto. Realiza este movimiento en el otro sentido.

Para tonificar el músculo pectoral, **pellízcalo** suavemente.

Maniobras circulares

Realiza un ocho

Pellízcalo

Con las dos manos

PARA PROBLEMAS ESPECÍFICOS

• **Crema de lirio blanco**

40 g de lanolina

80 g de bulbos de lirio blanco

30 g de miel

12 ml de aceite de girasol

10 g de cera blanca

Es muy buena contra las arrugas. Derrite la cera al baño maría y agrega la lanolina, la miel y el aceite de girasol. Añade poco a poco el jugo de bulbos de lirio blanco sin

dejar de remover. Retira del fuego y bate la mezcla hasta que se enfríe. Reserva en la nevera.

• **Compuesto antiflacidez**

100 g de manzanas

100 g de melón

Licua las frutas y aplica el zumo resultante sobre los senos una vez al día. Deja actuar 20 minutos y aclara con agua fría. Este preparado también sirve para el rostro, el cuello, los senos y el abdomen.

Activa la circulación sujetando el pecho **con las dos manos** y masajeando en dirección a la aureola.

Suaves bombeos

Realiza **suaves bombeos** en la axila con la palma de la mano. Así estimularás también los ganglios.

Ahora realiza el movimiento al revés, para favorecer el retorno de la sangre. Empieza cerca del pezón y sube las manos por los lados del pecho.

Pon los dedos planos sobre el seno y presiona y suelta suavemente, de forma que movilices la piel. Empieza por la mitad externa del seno y avanza hacia la axila. Luego repite la operación desde la mitad interna del seno hacia el esternón.

- **Crema antiarrugas**

    20 ml de jugo de cebolla
    20 g de miel
    Cera blanca en pasta

Mezcla el jugo de cebolla y miel y añade cera hasta que tenga la consistencia de una crema.

- **Compuesto para desarrollar las glándulas mamarias**

Compra en la farmacia tintura de bolsa del pastor (*Capsella bursa pastoris*) que, según algunas investigaciones, además de su conoci-

Masaje para la circulación

Levanta los dos brazos un poco más arriba de los hombros. Deja que los antebrazos y las manos cuelguen delante. Repiquetea delicadamente con los dedos sobre los músculos que hay más arriba de los pechos. Al final de este tratamiento, todo el pecho estará bien irrigado y experimentarás una agradable sensación de calor.

da eficacia para ayudar a curar lesiones cutáneas, estimula la glándula mamaria.

Vierte cincuenta gotas de esta tintura en 1/2 l de agua mineral templada. Aplica dos veces al día.

Para usarla, agita la botella y embebe en esta mezcla dos trozos de algodón. Túmbate sobre la cama y aplica estas compresas sobre los pechos durante treinta minutos. Sécate bien los pechos. Pasados veinte días notarás resultados.

No te apliques este tratamiento durante la menstruación.

- **Alivio para los senos hinchados**

Para aliviar la sensación de que los pechos «te van a explotar» lo mejor es que te metas en la ducha y los masajees con agua no demasiado caliente.

También son muy efectivas las cataplasmas de requesón o de yogur, así como la aplicación de hojas de col crudas enfriadas previamente en la nevera.

Maquillaje del escote

Cuando vayas a salir para alguna ocasión especial, aprovecha para mimar esta zona que solemos descuidar.

- Aplica **leche limpiadora** realizando un suave masaje circular y retira con una toallita desmaquilladora. Aplica tónico con suaves golpecitos para estimular la circulación.

- Si hace tiempo que no lo haces, puedes aplicar una **crema exfoliante** para aclarar la piel y renovarla.

- Si tienes tiempo, puedes aplicarte una **mascarilla** de algas o arcilla para nutrir la zona.

- Aplica una abundante capa de **crema hidratante** o específica para el pecho con un masaje ascendente desde los senos hasta los hombros.

• Ahora ya puedes empezar con el maquillaje. Pero antes de extender la base, puedes corregir las pequeñas imperfecciones del rostro y el escote con **correctores** específicos. En forma de barra o crema, los hay de distintas tonalidades para tratar cada problema de la piel (rojeces, granitos, manchas oscuras...). Se aplica con las yemas de los dedos mediante suaves toques, en líneas discontinuas y nunca con un trazo grueso, y se recubre con el maquillaje. Recomendamos los sticks correctores duo de **Avène**. El tono verde atenúa las rojeces, como manchas de nacimiento o cicatrices recientes; el amarillo, las manchas azuladas; y el beige, otras imperfecciones más claras u oscuras que el tono de la piel.

• Después, extiende la base de **maquillaje** con la ayuda de una esponja. Su función es afinar la piel, unificar el tono y cubrir imperfecciones. El color debe ser lo más parecido posible a tu tono natural; la función de un buen maquillaje no es broncearte sino alisar y embellecer la piel. Existen varios tipos de maquillaje: en crema (para pieles secas), fluido (mixtas) y compacto (grasas). La crema compacta **Courvrance** de Avène asegura una tez mate y homogénea. Con factor de protección solar 15.

• Los **polvos** (compactos o sueltos) se utilizan para dar el toque final al maquillaje: ayudan a fijarlo y evitan que aparezcan brillos. Los polvos mosaico bronceado **Courvrance** de Avène se adaptan a todas las tonalidades de la piel.

Tratamientos profesionales

Para reafirmar los senos, algunos establecimientos ofrecen tratamientos termales con la aplicación de extractos minerales como el silicio, que favorecen la cohesión celular y la resistencia del tejido cutáneo. Este tratamiento se aplica con digitopresión y masaje de bombeo.

Actualmente el agua y los minerales se consideran imprescindibles para la salud y la belleza y hay líneas de productos de belleza formulados con aguas termales. Hay muchos tratamientos estéticos con amplia difusión que se centran en el tejido cutáneo que se extiende desde las base de los senos a la barbilla, el llamado «sujetador natural».

Con fangos termales

Es un tratamiento tonificante para senos con tendencia a la flaccidez. Primero se realiza una limpie-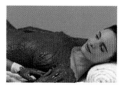za para eliminar impurezas, luego un masaje con un producto reafirmante y después se emplean fangos termales que se cubren con gasas humedecidas durante veinte minutos. El pecho se eleva un centímetro cuando es pe-

---

Consejos antes y después del tratamiento

Antes de la depilación:

- Evitar la exposición solar durante al menos ocho semanas antes.
- No utilizar durante ese tiempo métodos de depilación que arranquen el pelo desde la raíz, como cera y pinzas. Es preferible usar crema depilatoria o rasurado.
- Si has tenido previamente algún herpes en la zona a tratar, consúltalo con el esteticista.
- No uses exfoliantes ni productos agresivos sobre la zona a tratar ni tampoco productos que contenga alfahidroxiácidos ni ácido retinoico.

Después de la depilación:

- Sé constante en la aplicación de productos que te recomienden en el centro al que hayas acudido. Lo más seguro es que te den una crema para calmar la sensación de irritación tras la depilación.
- No fricciones la zona durante varios días y no apliques productos exfoliantes.
- Durante la primera semana tras el tratamiento, evita exponer al sol la zona tratada.
- No uses maquillaje hasta que hayan pasado 24 horas.
- El pelo puede tardar en caerse entre siete y diez días.

queño y poco caído, y tres centímetros cuando es voluminoso y con mucha flaccidez.

Con electroestimulación

Combina masaje manual y electroestimulación. Junto al tratamiento también se proporciona un programa de ejercicios para realizar en casa. Para el tratamiento de senos se usan contracciones isotónicas, indicadas para casos de flaccidez. También se trabajan los músculos dorsales para mejorar la postura corporal en general.

Se recomiendan doce sesiones de una hora (con un máximo de tres días alternativos a la semana). Se consigue una media de elevación del pecho de 3 cm. El tratamiento se continúa en casa con la aplicación de un suero y una crema reafirmante que recomiendan en el centro.

Iontoforesis

Se trata de una corriente continua que se propaga siempre en la misma dirección. La corriente se usa para que un cosmético con principios activos reafirmantes o tonificantes penetre en la piel.

Los componentes del producto actúan en el interior de los tejidos porque la corriente provoca la vasodilatación de los capilares y la activación de la circulación sanguínea.

Con láser

Es un tratamiento reafirmante de senos. Se aplica un láser bioestimulante y a  continuación se realiza un masaje con una mezcla cosmética adecuada a cada caso. Se aplican gasas impregnadas en una decocción de plantas y se finaliza con una mascarilla.

Es preciso realizar diez sesiones de una hora, un día a la semana.

El láser mejora la circulación sanguínea, regula el equilibrio hidroelectrolítico y estimula la producción de colágenos y elastina.

Aunque el tratamiento es efectivo a partir de las primeras sesiones, para mantener el resultado debe realizarse una o dos veces al año.

Eliminación del vello

S i tienes sólo uno cuantos pelitos alrededor de la areola, lo mejor que puedes hacer es eliminarlos con unas pinzas. Si el problema es más serio, existen otras opciones.

Hoy en día el mejor método de depilación es el láser, especialmente para las zonas delicadas. Requiere varias sesiones espaciadas en un par de meses.

El láser destruye selectivamente el folículo piloso, lo que lo convierte en un método muy eficaz y duradero. Como es selectivo, es totalmente seguro y no afecta a los tejidos circundantes. Se elimina por este método entre un 80 % y un 90 % del pelo en las zonas más pobladas. El pelo que queda es muy fino y no representa ningún problema estético. Además, se observa una reducción permanente del vello en las zonas tratadas.

El láser también es una buena opción para depilar las ingles, las mejillas y el labio superior.

El poder del agua

El agua es el mejor aliado natural
para la salud y belleza de los senos.
Tanto por su poder hidratante como
reafirmante, no puede faltar en ningún
plan para su cuidado.

Beber agua

El agua es el nutriente más importante de todos. No nos aporta energía, pero constituye gran parte de nuestro peso y es el medio adecuado donde los demás nutrientes realizan sus funciones, así como ayuda al mantenimiento de nuestra temperatura corporal y a una correcta hidratación de la piel.

Los niveles normales de agua de nuestro organismo se mantienen gracias a un mecanismo de *feedback* en el que están involucrados receptores específicos para la presión osmótica, la hormona antidiurética (ADH) y los riñones. La cantidad de agua necesaria para cada persona depende de su peso corporal. También varía en función de los diferentes estadios de la vida, así como de la realización de ejercicio físico. Bajo condiciones normales, un adulto necesita de 2 a 3 litros de agua al día. Esta cantidad ayudará a mantener un adecuado balance hídrico.

Se debe tener en cuenta que una pequeña cantidad de agua se pierde a través de las heces, de la respiración y también a través de la piel por transpiración (un 30 % de las pérdidas de agua corporal).

Además del agua mineral, las infusiones, los zumos naturales o las bebidas de soja son también una buena manera de restablecer los aportes de agua perdidos. También en los alimentos encontramos cantidades significativas de agua, como por ejemplo las verduras, las hortalizas y las frutas. Por otro lado, durante el metabolismo de los hidratos de carbono, las proteínas y las grasas para obtener energía, también se produce agua.

Hidratación interior

- Beber agua en abundancia es importante para la salud en general y para la piel en particular. Es preferible que el agua que consumamos sea **agua mineral** natural porque es bacteriológicamente sana, tiene una composición constante en minerales, oligoelementos y otros componentes, y mantiene su pureza original.

- El agua hidrata la piel desde el interior y ésta presenta un aspecto más fresco y flexible. Beber la cantidad recomendada ayuda a **eliminar toxinas**.

- Es importante beber antes de tener sed para mantener el equilibrio hídrico del organismo, ya que cuando empezamos a experimentar esta sensación significa que el organismo ya ha empezado a deshidratarse. Sólo por la piel se pierden al día entre 300 y 500 ml diarios de agua, pero también se pierde por los pulmones, la orina y las heces, por lo que es conveniente reponerla. No vale no beber «porque no tengo sed». La **fruta** y la **verdura**, si se toman en abundancia, aportan hasta un 50 % del agua que precisa nuestro organismo.

- Un dato curioso: la pérdida del 2 % del agua corporal de un adulto supone una pérdida del 20 % de su energía.

- Además, el agua ayuda a conseguir la sensación de **saciedad**, por lo que es de mucha ayuda en las dietas; no aporta ninguna caloría y ayuda a disminuir el volumen corporal. El organismo elimina automáticamente el agua sobrante.

Duchas

Las duchas de agua fría, aunque pueden resultar algo desagradables y no todas están dispuestas al sacrificio que significan, son excelentes para los pechos. No dirijas el agua a los pezones y procura que la presión no sea excesiva.

Aumentarás el efecto tonificador y reafirmante si de vez en cuando tratas tus pechos con baños alternados. Para ello utiliza dos cubetas de agua, una con agua fría y otra con agua caliente.

Toma una esponja y mójala en el agua fría y colócala sobre el pecho unos veinte segundos. Haz lo mismo con el agua caliente. Repite el procedimiento tres veces. Acaba con agua fría y seca bien los pechos con una toalla suave. Para completar el tratamiento, pasa por cada pecho una vez por semana un cubito de hielo con movimientos rotatorios. Hazlo con delicadeza evitando los pezones.

Aceites esenciales

Añadir aceites esenciales en el agua del baño aporta muchos beneficios:
- Favorece la buena circulación de la sangre por todo el cuerpo.
- Relaja y descontractura.

- Ayuda a eliminar toxinas.
- Proporciona bienestar físico y mental.

También puedes envolver varios cubitos de hielo en un pañuelo y ponerlos sobre el pecho haciendo un suave masaje.

Los efectos de un buen baño

Se pueden añadir al agua del baño unas seis gotas de aceites esenciales que nutran y relajen la piel, como los de lavanda (relaja y apacigua), bergamota (purifica y regenera la piel), neroli o azahar (ideal para los estados de fatiga general, calma las tensiones y nos prepara para el sueño), manzanilla romana (sedante nervioso y cuida la piel), geranio bourbon (calma y relaja), jazmín o naranjo dulce (relajan y calman además de purificar la piel), sándalo (descongestiona el cuerpo)… Los aceites esenciales (no solubles en agua) deben diluirse previamente en leche entera o en polvo o bien en otra sustancia grasa. Se recomienda que el agua esté tibia o ligeramente caliente para conseguir un efecto relajante. Unos quince o veinte minutos son suficientes para que los aceites esenciales hagan su efecto. Es importante saber que no todos los aceites esenciales pueden emplearse para el baño por su efecto irritante sobre la piel.

También exisiten otro tipo de baños, como por ejemplo el de harina de avena, con propiedades nutritivas para la piel y el baño con algas, con efecto tonificante y remineralizante.

Esponja de agua fría

Esponja de agua caliente

Cubito de hielo

81

Hidroterapia

Por sus propiedades físico-químicas y por sus especiales propiedades, el agua es un medio extraordinario para aplicar calor o frío al cuerpo, o para suministrarle determinados preparados medicinales. Puede decirse que en la actualidad se aplica hidroterapia gracias a las observaciones y la tenacidad de algunos humildes terapeutas centroeuropeos, sobre todo alemanes.

Consejos para las aplicaciones de hidroterapia

Antes de aplicar la hidroterapia conviene tener en cuenta una serie de precauciones:

- Realizar las aplicaciones fuera de las horas de digestión.
- No debe aplicarse durante los días de menstruación.
- No realizar aplicaciones con agua fría en enfermos con frío o con extremidades frías.

Excepcionalmente se acepta una fricción fría, general, de buena mañana, rápida y enérgica (con una esponja o tela áspera), seguida inmediatamente de buen abrigo o de bolsas calientes.

- Cuanto más frío es el baño, más breve debe ser su duración. Y cuanto más extensa es la parte del cuerpo bañada, menos fría ha de estar el agua.
- Actualmente, la mayor parte de estas prácticas se llevan a cabo en lugares cerrados, que deberán estar a una temperatura agradable (en general, cálida).
- Para que toda aplicación fría resulte de utilidad hay que almacenar calor previamente, porque ante todo se busca la reacción del organismo. Para ello podemos recurrir al ejercicio físico, a los masajes, a las fricciones y a la aplicación previa de calor.
- Dentro de la importancia de la reacción del propio cuerpo, una de las prácticas consis-

Hidroterapia en los senos

Existen **aparatos de hidroterapia** que dan un masaje al pecho y que son especialmente adecuados para aquellas mujeres que no pueden soportar el agua fría.

Dependiendo de la duración del masaje se produce un efecto u otro: **para reafirmar** se harán masajes de cuarenta segundos en cada pecho una vez al día, mientras que **para desarrollar** bastarán dos masajes de veinte segundos en cada pecho dos veces al día. Un masaje prolongado puede ayudar a **reducir un pecho** que tenga demasiado tejido adiposo, especialmente si se aplica antes un aceite base de almendras dulces junto a un aceite esencial con efecto tónico (geranio bourbon: estimulante de la piel; limón: **favorece la microcirculación**; romero alcanforado: tónico general). El tratamiento se efectuará una vez al día y durará un minuto en cada seno.

Hay muchos tipos de aparatos de hidroterapia específicos para el pecho en el mercado; elige uno que no dirija ningún chorro de agua directamente al pezón.

te en no secarse (o secarse muy poco), dejando que sea la propia piel la que se seque si estamos al aire libre, o bien calentarnos a través de vigorosas fricciones.

- En caso de personas mayores o de anemia o debilidad general, es mejor aplicar agua caliente, sobre todo si no hay fiebre.
- Las personas delicadas del corazón o de los riñones tomarán los baños fríos con mayor precaución, probando primero la reacción a través de un baño muy corto.
- En caso de fiebre es preferible el agua fría para ayudar al organismo a eliminar el calor.
- La temperatura del agua depende, en última instancia, de la experiencia personal.

Talasoterapia

Actualmente hay muchos establecimientos que ofrecen terapias marinas, pero tú misma puedes aprovechar los efectos benéficos del agua del mar, del sol y del aire fresco.

Aeroterapia

Exponer la piel del seno al aire elimina sudor, ácido úrico, grasa, dióxido de carbono y ácidos orgánicos. La zona de los senos, que suele ir siempre tapada y/o aprisionada en sujetadores que no siempre son los más adecuados, necesita airearse de vez en cuando.

Con el aire fresco y limpio los poros se dilatan y la piel se purifica y rejuvenece. Son mejores los lugares próximos al mar porque la mezcla de oxígeno, agua y sales minerales es muy beneficiosa para la piel.

También están indicados los lugares con muchas plantas, porque hay abundancia de oxígeno, especialmente los bosques de pinos, abetos, eucaliptos o prados en los que haya plantas aromáticas como el tomillo.

Los mejores momentos para tomar baños de aire son por las mañanas, justo al levantarse, y por la noche antes de acostarse.

No tomes nunca el sol entre las 12 y las 16 horas.

Tiempos para los baños de sol

Escala a que se ajusta Rollier para las aplicaciones del baño de sol

Día	1º	2º	3º	4º	5º	6º	7º	8º	9º	10º
5ª zona					5'	10'	15'	20'	25'	30'
4ª zona				5'	10'	15'	20'	25'	30'	35'
3ª zona			5'	10'	15'	20'	25'	30'	35'	40'
2ª zona		5'	10'	15'	20'	25'	30'	35'	40'	45'
1ª zona	5'	10'	15'	20'	25'	30'	35'	40'	45'	50'

* Del 10º al 15º día se sigue aumentando en la misma proporción.
* A partir del 15º día la insolación es completa desde el principio del baño.

Helioterapia

El sol, administrado con moderación, puede ayudar a cuidar la piel del pecho.

Toma los baños de sol gradualmente: permanece al sol unos pocos minutos durante las primeras sesiones y aumenta el tiempo de exposición poco a poco. Usa siempre crema con factor de protección e hidrata el pecho después con una emulsión de agua floral o hidrolato de rosas y aceite vegetal de almendras dulces mezclados a partes iguales o con algún producto de aguas termales. El aceite de sésamo actúa como suave filtro de rayos UV solares.

Tu objetivo no debe ser ponerte terriblemente morena, ya que sólo conseguirás avejentar tu piel, sino aprovechar los efectos benéficos del sol. Si abusas del sol puedes tener problemas a partir de los cuarenta años, cuando la piel se vuelve menos resistente, y padecer elastosis (reacción negativa al sol que acelera el envejecimiento de la piel).

En la playa, alterna los baños de sol con baños de agua de mar, que aportarán sales minerales y yodo a tu piel. Después de salir del mar, elimina la sal con una ducha.

La alimentación

Una dieta equilibrada se refleja en un cuerpo saludable y bonito. En este capítulo te mostramos los nutrientes más importantes para la salud de tus pechos, con originales recetas para introducirlos en tu alimentación.

Una dieta equilibrada

Eres ni más ni menos que lo que comes. Hay muchos alimentos que pueden ayudarte a mantener la forma física y la belleza. Tu mejor baza es mantener una dieta variada y rica en todo tipo de nutrientes.

Luchar contra el envejecimiento

La vitamina E resulta muy beneficiosa para evitar la acción de los radicales libres, considerados la causa principal del envejecimiento prematuro de la piel, y para mantenerte fresca y joven por más tiempo. Pero hay otros muchos alimentos que pueden ayudarte.

Lo más importante es que mantengas una dieta equilibrada y variada en la que hayan abundantes vegetales (preferiblemente crudos) y frutas. Son aliados de la belleza la fruta fresca y desecada, las verduras, el pan integral, el germen de trigo, los cereales integrales, las legumbres, frutos secos como las almendras y las nueces, la leche, el yogur, los huevos, los quesos frescos, el pescado azul y las carnes rojas y magras, aunque se debe procurar que la dieta no sea hiperproteica.

El desarrollo de las fibras elásticas, el correcto estado de la piel, los capilares y los tejidos de sostén, y la salud de los conductos galactóforos dependen en gran medida de las vitaminas.

Tan importante como comer bien es masticar. Masticando adecuadamente se tiende a comer menos, ya que se alarga el tiempo destinado a la comida y al estómago le da tiempo de recibir la sensación de saciedad.

Consejos para alimentar

- Come regularmente **cereales** (avena, arroz, mijo..), **pasta y pan** integrales.

- Incluye en cada comida un plato de **ensalada** o de **verdura**.

- Se recomienda comer al menos dos veces a la semana **legumbres** (judías, garbanzos, lentejas, judías mung, azukies...).

- Incrementa el consumo de **proteína vegetal** (tofu, seitán, legumbres...). Si comes también proteína de origen animal escoge la que sea más magra, como el pollo o el pavo.

- Consume **fruta fresca**, a ser posible del tiempo: unas 3 piezas diarias y una de ellas rica en vitamina C.

- Es recomendable comer **pescado azul** (sardinas, atún, caballa...) dos veces por semana por su aporte en ácidos grasos Omega 3.

- Resulta muy saludable comer a diario **frutos secos crudos** (nueces, avellanas, almendras) o **semillas oleaginosas** (pipas de girasol, calabaza, semillas de sésamo), pues nos aportan grasas recomendables para el buen funcionamiento de nuestro organismo.

- Bebe abundante **agua** y otras **bebidas sanas** como: zumos naturales, infusiones sin azúcar, té verde, té rojo...

- Aliña las ensaladas y verduras con **aceite de oliva virgen**; aporta gran cantidad de nutrientes antioxidantes y ácidos grasos

monoinsaturados. También se puede utilizar como aliño salsa tamari o bien hierbas aromáticas, como orégano, perejil, albahaca o estragón.

- Si tienes hambre entre comidas, come una pieza de fruta o una zanahoria o bien un puñado de frutos secos (nueces, avellanas, almendras) crudas.

- Utiliza **cocciones sanas** y sanas: vapor, plancha, hervido, horno... Evita comidas pesadas y muy condimentadas.

A evitar y reducir

- Reduce el consumo de grasas saturadas (carnes de cerdo, buey, ternera, embutidos...), productos lácteos enteros y huevos (máximo dos yemas a la semana).

- Evita el consumo de bollería industrial.

- Reduce el consumo de alimentos precocinados, congelados y enlatados.

Vitaminas

Las vitaminas, entre otros muchos beneficios, refuerzan los vasos sanguíneos y estimulan la circulación, lo que es indispensable para que los senos reciban el aporte sanguíneo que precisan.

Vitamina A

Es imprescindible para la integridad de los epitelios de la piel y de las mucosas interiores. La vitamina A mantiene la elasticidad, la capacidad de contracción, el poder de regeneración y la tersura de la piel. Se encuentra principalmente en el hígado y el pescado azul, y asociada en las grasas de los lácteos y los huevos.

Los carotenos son precursores de la vitamina A y se encuentran en **vegetales de tonalidades amarillas, anaranjadas, rojizas o muy verdes,** como **albaricoque, arándanos, brécol, calabaza, cerezas, col, espinacas, hojas verdes de verduras para ensalada, mango, melón, mora, papaya, pimiento rojo, pomelo rosa, sandía, tomate, zanahoria...** Una parte de los carotenos se transforman en vitamina A y otra parte se almacena bajo la piel y la protege.

Una de las mejores aliadas de las mujeres es la cereza, que ayuda a preservar la belleza de la piel. Gracias a su composición de vitaminas A y C, refuerza los vasos sanguíneos, reduce la formación de celulitis y ayuda a eliminar los líquidos retenidos y las toxinas. Las cerezas, debido a su contenido de antocianinas, mejoran el estado de las varices y alivian el problema de las piernas hinchadas.

Vitamina E

Es la vitamina antienvejecimiento por excelencia por ser antioxidante. Varios estudios han demostrado la relación entre la carencia de vitamina E y la peroxidación de los lípidos, así como la mayor necesidad de oxígeno durante la carencia.

Los efectos de la vitamina E se amplifican cuando actúa en sinergia con otros antioxidantes, como las vitaminas A y C y el mineral selenio. La vitamina E tiene propiedades vasodilatadoras que permiten una mejor oxigenación de los tejidos. Estimula el equilibrio hormonal.

Se encuentra tanto en los **alimentos de origen animal como vegetal,** sobre todo en los **aceites vegetales de girasol, de maíz y de oliva.** También se encuentra en **el germen de trigo, los cereales integrales, los quesos grasos y otros derivados lácteos, los frutos secos (almendras, avellanas, coco, nueces, pistachos), los pescados azules, verduras como el aguacate, los espárragos, la soja y el tomate, hortalizas como la col y el perejil.**

Ácido fólico o vitamina B$_9$

Se trata de una vitamina hidrosoluble que, juntamente con la vitamina B$_{12}$, posee propiedades antianémicas, lo que es muy importante para las mujeres que tienen tendencia a sufrir este trastorno. Es uno de los constituyentes para la elaboración de góbulos rojos y glóbulos blancos. Refuerza el sistema inmunitario y ayuda a luchar contra la depresión.

Los anticonceptivos orales, el consumo de alcohol y algunos medicamentos impiden la buena asimilación de esta vitamina. Las cocciones prolongadas de los alimentos la destruyen.

Se encuentra ácido fólico en las **hortalizas frescas de color verde intenso, las levaduras, los cereales integrales, las legumbres, los frutos secos y el hígado y los riñones.**

Vitamina B$_{12}$

Es indispensable para el metabolismo de los glóbulos rojos, para la reproducción celular y ejerce una acción antiestrés y antifatiga en el sistema nervioso. Es antioxidante.

La deficiencia de vitamina B$_{12}$ provoca una anemia severa llamada anemia perniciosa. La disminución de su absorción disminuye gradualmente a partir de los cincuenta años, debido a una menor secreción gástrica, y por tanto a una disminución del factor intrínseco, una sustancia indispensable para poder absorber la vitamina B$_{12}$.

Sólo está presente en los alimentos de origen animal: **leche y derivados, carnes, vísceras, pescados y huevos.**

Los vegetarianos estrictos deben combinar muy bien los alimentos de su dieta para no presentar déficit de vitaminas, sobre todo de B$_{12}$.

Vitamina C

Esta vitamina es especialmente importante para el mantenimiento de la piel, interviene en procesos de cicatrización y tiene un papel relevante en la función inmune. Es una vitamina antioxidante que previene el envejecimiento celular debido a la formación de radicales libres. Además, favorece la asimilación de hierro y es indispensable para la formación de colágeno.

Es abundante en **cítricos (limón, naranja, pomelo…), otras frutas como grosellas negras, papaya, manzana, pera, piña, kiwi y verduras (apio, espinacas, perejil, pimiento, repollo…).** La absorción de esta vitamina mejora con la presencia de flavonoides. En la naturaleza los flavonoides (vitamina P) siempre están asociados a la vitamina C.

Minerales y oligoelementos

Cinc

Protege el organismo y está presente en unas doscientas reacciones químicas, en especial las necesarias para la síntesis de proteínas y para el metabolismo de los ácidos nucleicos. Actúa sobre el crecimiento, la respiración, el sistema endocrino, la inmunidad, la sexualidad, la reproducción... Está presente en **mariscos, moluscos y pescados** sobre todo, pero también se encuentra en **las carnes, la yema de huevo, los cereales integrales, la levadura de cerveza o el germen de trigo...**

Manganeso

Es un oligoelemento, lo que significa que nuestro organismo lo necesita en cantidades muy pequeñas, a diferencia de otros minerales, como por ejemplo el calcio. Pero todo y necesitarlo en cantidades mínimas (como sucede con el boro, el cobre, el cobalto y el molibdeno, entre otros) es esencial para que se lleven a cabo correctamente ciertas reacciones químicas que tienen lugar en el organismo. Es importante para todas aquellas reacciones que afectan al hueso y a los cartílagos. Interviene en la secreción hormonal, y es necesario para la síntesis proteica, de los hidratos de carbono y de las

grasas. Interviene en muchas reacciones protectoras y reguladoras. Además, también es necesario para el buen funcionamiento del cerebro. Está indicado en el caso de melancolía e incluso depresión.

Tiene una reconocida acción antioxidante contra los radicales libres, por lo que previene el envejecimiento, y hay teorías que apuntan a que favorece la longevidad. Se encuentra en los **frutos secos (almendras, nueces, avellanas...), semillas oleaginosas, cereales integrales, chocolate, germen de trigo, remolacha, soja, judías y té.**

Potasio

El potasio tiene efectos diuréticos, ya que los tejidos eliminan el exceso de agua y se mantienen elásticos. Son ricos en potasio los **albaricoques, las grosellas y los plátanos, las patatas y las verduras crudas y cocinadas al vapor.**

Selenio

Este oligoelemento neutraliza las toxinas, protege el sistema inmunitario, previene el envejecimiento y colabora en la agregación de plaquetas para hacer más fluida la sangre. Interviene en el mecanismo de una enzima que frena la oxidación de las células y protege el organismo. Se encuentra sobre todo en la **carne, las vísceras, los pescados marinos, los moluscos y los huevos.**
En el reino vegetal está presente en los cereales integrales, el **germen de trigo, la levadura de cerveza, los champiñones y algunas hortalizas como el ajo, el brécol y las zanahorias.**
Las vitaminas A, C y E favorecen su absorción.

Silicio

Desempeña un papel fundamental en la biosíntesis del colágeno y del tejido conjuntivo. Es uno de los elementos activos en la lucha contra la aterosclerosis. Favorece la elasticidad de la piel y refuerza los músculos elevadores. Se encuentra sobre todo en la **parte externa de las verduras y los cereales** (excepto centeno y maíz), especialmente en la **cebada, los cítricos, los champiñones, las aceitunas y los rábanos, el aceite esencial de pino, la cola de caballo y el palmito,** un árbol que en América del Sur es muy utilizado en los tratamientos del pecho poco desarrollado.

Sodio

El exceso de sal no es nada recomendable para la salud y la belleza, ya que provoca retención de líquidos. El exceso de agua se almacena dentro de las células y obstaculiza la irrigación sanguínea, el intercambio metabólico y la eliminación de desechos.
Una alternativa para condimentar los alimentos es la **sal marina integral,** que además contiene minerales como litio, cobre, magnesio y manganeso. También puedes probar a condimentar tus platos con hierbas aromáticas, especias o aceites aromatizados.

Flavonoides

Algunos alimentos de origen vegetal, como **el té, el vino tinto, las uvas, las manzanas, las naranjas (y los cítricos en general), el chocolate amargo y el cacao,** contienen flavonoides, los cuales tienen un efecto cardioprotector y rejuvenecedor al reducir el estrés oxidativo de las lipoproteínas de baja densidad o «colesterol malo».
Además, se ha comprobado que la ingestión de té fortalece el sistema inmunológico y el cardiovascular, al reducir el riesgo de padecer un ataque cardíaco.
No es cuestión de abusar del chocolate o del vino, sino de incluir en nuestra dieta regularmente algunos alimentos ricos en flavonoides y, por qué no, un vasito de vino tinto al día acompañando las comidas, que se ha demostrado ser un hábito muy saludable.
Actualmente los flavonoides se incluyen en cremas cosméticas para prevenir el envejecimiento.

Ácidos grasos esenciales

Los ácidos grasos esenciales (Omega-3 y Omega-6) ayudan a la piel a retener la humedad y a evitar que se deshidrate. Además de problemas en la piel, el déficit de ácidos grasos esenciales puede provocar caída del cabello.

Se encuentran en pescados como la trucha, el salmón y el atún azul del Atlántico, así como en las semillas de lino o en las de ajonjolí y girasol, que se pueden agregar combinadas a diferentes alimentos.

Los ácidos grasos esenciales forman parte de las membranas celulares de todos los tejidos del organismo, por lo que no nos debe sorprender que su deficiencia pueda dar lugar a grandes alteraciones en todos ellos.

Son los precursores de un grupo de moléculas altamente reactivas y de vida media muy corta: las prostaglandinas y los leucotrienos, que pueden actuar como hormonas por su papel de mensajeros químicos y reguladores de varios procesos del organismo.

Omega-6

Formados por el ácido linoleico y el ácido gamma linoleico (GLA). Las fuentes naturales de estos ácidos grasos son: el germen de trigo, las semillas integrales de los cereales, el aceite de hígado de bacalao y los aceites vegetales de primera presión en frío (girasol, soja, maíz, lino y, especialmente, las semillas de onagra y de borraja).

Omega-3

Están formados por el ácido eicosapentaenoico (EPA) y el ácido docosahexaenoico (DHA). Las fuentes naturales de estos ácidos grasos son principalmente los aceites de pescado, aunque también se encuentran en aceites vegetales de primera presión en frío; especialmente en los de germen de trigo, de nuez, de lino y de colza.

En caso de tomar algún suplemento de ácidos grasos es importante mantener el equilibrio entre ambos.

Escualeno

Es una sustancia grasa que posee efectos semejantes al de las vitaminas liposolubles A, D y E. Durante muchos años se ha empleado con éxito en Japón y en otros países asiáticos para tratar los problemas de la piel.

El escualeno tiene la propiedad de sintetizar el oxígeno intracelular, favoreciendo la eficiencia de las reacciones metabólicas y, por tanto, la salud del organismo.

Además, posee propiedades antioxidantes y juega un importante papel en la regulación hormonal, reforzando el sistema inmunitario y ayudando a eliminar toxinas.

Se encuentra principalmente en el **aceite de hígado de tiburón** y también en el **aceite de oliva y en otros aceites vegetales.**

Existen en el mercado cosméticos naturales en cuya composición está presente el escualeno proveniente de fuentes de origen vegetal y que tienen importantes propiedades nutritivas e hidratantes.

Consumo de ácidos grasos

Para mantener el equilibrio de ácidos grasos, su consumo debería repartirse de la siguiente manera:

- 1/3 de ácidos grasos saturados
- 1/3 de ácidos grasos monoinsaturados
- 1/3 de ácidos grasos poliinsaturados, que deben representar el 30 % de la ración calórica

Recetas ricas en vitaminas

ENSALADA DE FRUTAS

1/2 melocotón sin hueso
1/2 naranja pelada
1/2 manzana sin pepitas
1/2 pera sin pepitas
2 tajadas de melón
20 g de apio blanco crudo
1 cogollo
1 yogur desnatado natural
*Sal, pimienta y hierbas aromáticas
(orégano y tomillo en polvo)*
El zumo de 1/2 limón

Corta toda la fruta en cuadraditos. Pon el yogur en un bol, añádele las hierbas, la sal y la pimienta, remuévelo bien y añádelo a la ensalada. Mezcla y sirve.

Mucha vitamina C

Esta ensalada contiene **gran cantidad de vitaminas** (C, betacaroteno y vitaminas del grupo B) y **minerales** (fósforo, calcio, potasio y hierro). La manzana aporta **pectinas** (sobre todo se encuentra en la piel de la fruta), que al mezclarse con agua forman un gel que facilita la excreción de colesterol y ácidos biliares, y que evita la irritación estomacal. El yogur ayuda al restablecimiento de la **flora intestinal** por su contenindo en bifidobacterias y fermentos lácteos activos. La pera tiene **propiedades desintoxicantes y diuréticas.**

ENSALADA CON KIWI

1/2 lechuga pequeña
2 tomates pequeños
6 rábanos
1 kiwi cortado en rodajas
1/4 col lombarda pequeña
1/2 limón
Mostaza
Aceite de oliva
Sal

Gran poder antioxidante

Una excelente ensalada, con un gran poder antioxidante gracias al licopeno aportado por el tomate; al betacaroteno y a las vitaminas del grupo B (sobre todo ácido fólico) de la lechuga y los rábanos; y a la vitamina C del tomate, del kiwi y del limón, entre otras vitaminas. El aceite de oliva nos proporciona ácidos grasos monoinsaturados (ácido oleico) y vitamina E, muy beneficiosos para el organismo.

Corta en tiras finas la lechuga y la lombarda y en rodajas los rábanos y los kiwis. Trocea bieb los tomates.

Mezcla el aceite, el zumo de limón, una cucharadita de mostaza y la sal. Bátelo bien.

Vierte la salsa encima de la ensalada en el momento de servir.

Nota: Todas las recetas son para **2** personas.

ENSALADA DE ZANAHORIA Y PIÑA

1 zanahoria
1 rodaja de piña
natural cortada a
dados
1/4 de vaso de zumo
de naranja natural
Perejil
Almendras tostadas
Salsa tamari
Aceite de oliva

Ralla las zanahorias y añádeles una pizca de sal y un poco de jugo de naranja para que no se ennegrezcan. Pon unas gotas de salsa tamari a las almendras previamente tostadas. Escurre bien las zanahorias, mezcla con la piña y el resto de ingredientes y aliña con aceite.

Propiedades diuréticas

La piña posee propiedades diuréticas y ayuda a digerir mejor los alimentos por su contenido en bromelaína. La zanahoria nos aporta betacarotenos (antioxidantes) y el zumo de naranja vitamina C. El perejil es una importante fuente de vitaminas, yodo, magnesio y otras sales minerales, además de que posee propiedades carminativas, digestivas y diuréticas. El tamari es ideal para condimentar verduras, hortalizas y cereales integrales.

ENSALADA DE FRUTOS DE MAR CON KIWI Y AGUACATE

100 g de langostinos cocidos y pelados
50 g de mejillones cocidos y sin cáscara
75 g de champiñones
1 aguacate
1 kiwi
40 g de maíz cocido
Sal
Vinagre de manzana
Aceite
Pimienta blanca

Pela los kiwis y trocéalos en dados pequeños. Corta los aguacates en dos, quítales el hueso y haz pequeñas bolitas con una cucharita de café. Lava los champiñones y córtalos en láminas finas. Mezcla estos tres ingredientes y sazónalos con la sal, el aceite, el vinagre y la pimienta. Revuelve bien y déjalo reposar durante 15 minutos. Añade los mejillones, los langostinos y el maíz. Reserva en la nevera y sirve frío.

Aporte de minerales

Los mejillones y los langostinos aportan gran cantidad de minerales, como yodo, flúor, magnesio y cinc. Los champiñones son una buena fuente de proteína vegetal, además de ser muy poco calóricos (25 Cal/100 g). El aguacate destaca por su contenido en grasas vegetales (principalmente ácido oleico) y en minerales (como el potasio), vitaminas B (necesarias para el cerebro), vitamina E (potente antioxidante) y magnesio (necesario para el aprovechamiento del calcio).

ENSALADA MULTICOLOR CON CHAMPIÑONES, MANZANA Y UVA

2 ramitas de apio blanco crudo
1 cogollo
1/2 manzana roja
50 g de champiñones
40 ml de zumo de limón
Zumo de 1/2 limón
30 g de nueces peladas
Uva moscatel
1 yogur natural desnatado
Sal
Pimienta blanca

Lava y corta el apio fino. Corta la manzana en cubitos y lamina los champiñones. Pon la manzana y los champiñones en un bol y rocíalos con el zumo de limón.

Añade la uva y la mitad de las nueces cortadas en trozos. Mezcla el yogur con la sal y la pimienta, y adereza con él la ensalada. Decora la ensalada con nueces partidas en dos, rodajas de kiwi y pequeñas hojitas de apio.

Propiedades diuréticas

La uva ha sido utilizada desde tiempos prehistóricos y es uno de los pilares de la dieta mediterránea. Es una fruta muy completa, rica en azúcares, en vitaminas (betacaroteno, C y complejo B) y en sales minerales (potasio, magnesio y calcio).
La piel de la uva contiene taninos (bioflavonoides con potente acción antioxidante). Existen complementos alimenticios de semilla de uva con un contenido muy elevado en bioflavonides y que resultan muy beneficiosos para el sistema cardiovascular.

CREMA DE PUERROS Y MISO

200 g de puerros
2 cucharadas soperas
de copos de avena
1 cebolla
Aceite de oliva
1/2 l de agua
1 cucharada sopera de miso blanco

Corta los puerros y la cebolla y dóralos en una olla con un poco de aceite. Añade el agua y los copos de avena. Sazona al gusto. Hiérvelo durante unos 20 minutos y, al final, añade una cucharada sopera de miso blanco (previamente diluido con un poco de agua caliente).

Muy saludable

El puerro y la cebolla contienen propiedades diuréticas y remineralizantes. La avena cocinada actúa como un espesante-gelificante (por eso se recomienda en la elaboración de cremas), además de que aporta fibra, vitaminas y minerales, lo que lo hace excelente para la piel.
El miso se obtiene fermentando la soja y, a veces, también algún cereal. Es una fuente importante de aminoácidos esenciales y ayuda en la digestión y asimilación de nutrientes por su contenido en enzimas naturales; además, posee propiedades alcalinizantes de la sangre (muy importante para mantener el organismo alejado de posibles enfermedades). Es importante disolver el miso en el último momento para conservar todas sus cualidades nutricionales. Existen muchos tipos de miso: kome miso (con arroz blanco), genmai miso (con arroz integral), mugi miso (con cebada) y hatcho miso (miso de soja sin cereal).

SOPA DE VERDURAS CON ALGA KOMBU

1 tira de alga kombu
1/2 calabaza pequeña
cortada a dados
1/2 repollo o col blanca troceada
1 cebolla
2 rodajas de jengibre fresco
1 cucharada de mugi miso
Agua
Aceite de oliva

Coloca el alga kombu en una olla con su agua de remojo. Añade más agua hasta obtener una cantidad aproximada de 2 a 3 tazas. Llévalo a ebullición.

Añade las verduras y el jengibre. Tapa y cuece a fuego medio durante 30 minutos. Diluye el miso con un poco del líquido de la sopa. Cuece durante 1 minuto y apaga el fuego.

Depurador natural

El alga kombu contiene ácido algínico, que depura de forma natural los intestinos y ayuda a eliminar toxinas. Esta alga contiene aminoácidos que estimulan suavemente las membranas mucosas y el sistema linfático, además de resultar beneficiosa para la tensión arterial. Favorece la absorción de nutrientes, por lo que es recomendable tanto para las personas obesas como para las excesivamente delgadas.

Por su parte, el jengibre es un condimento culinario de fuerte sabor que ayuda a digerir los alimentos y que resulta útil en casos de náuseas y para aliviar los síntomas del resfriado.

ARROZ INTEGRAL CON WAKAME Y SEITÁN (PAELLA VEGETAL)

120 g de arroz integral
1 cebolla cortada a cuadraditos
1 zanahoria cortada a cuadraditos
1 ajo picado
1/2 paquete de seitán cortado a dados
1/2 taza de guisantes verdes
1 tira de alga wakame
1/2 pimiento rojo escalibado y cortado a tiras pequeñas
1 ramita de romero fresco
Sal
Aceite de oliva

Pon el arroz integral en una cazuela con el doble de agua, las ramitas de romero y la sal. Llevar a ebullición y cocer durante 35 minutos. Sofríe la cebolla en una cazuela grande (tipo paella). Cuando esté transparente, añade el seitán y la zanahoria a dados. Aparte hierve los guisantes durante 7 minutos y remoja el alga wakame durante 4 minutos. Córtala a trozos y añádela al salteado, junto con el arroz cocido, y mézclalo todo. Decora con los guisantes y el pimiento rojo.

Rico en calcio

Este plato también se puede realizar con otros cereales, como el bulgur o el cuscús. El alga wakame, muy parecida a la kombu, es rica en calcio, vitaminas del grupo B y vitamina C. El seitán es un buen sustituto de la proteína de origen animal. Se trata de glúten de trigo, por lo que las personas celíacas no deben consumirlo.

BULGUR
CON ESPÁRRAGOS VERDES

120 g de bulgur
1 manojo de espárragos trigueros
1 puerro
30 g de maíz
Albahaca fresca cortada fina

Cuece el bulgur con el doble de agua y una pizca de sal durante unos 15 minutos aproximadamente. Retira las partes leñosas de los espárragos y trocéalos. Corta los puerros muy finos y saltéalos con aceite de oliva y una pizca de sal, durante unos 6 minutos.

Añade los espárragos y el maíz y saltéalo durante 5 minutos. Añade el bulgur cocido y la albahaca y mézclalo todo con cuidado.

Sabroso y nutritivo bulgur

El bulgur es un cereal muy típico de Turquía. Es el trigo precocido y troceado, muy sabroso y nutritivo.

A los espárragos (consumidos desde el antiguo Egipto) se les han atribuido ciertas virtudes medicinales. Contienen proteínas, fibra, minerales como potasio y azufre, y vitaminas (betacarotenos y vitamina C). Son muy diuréticos y bajos en calorías (15 Cal/100 g), lo que los hace ideales para las dietas de control de peso.

SALTEADO
DE ESPIRALES CON VERDURAS

120 g de espirales integrales
1 cebolla cortada fina
1 zanahoria cortada en juliana
10 judías verdes cortadas finas
1 calabacín cortado a dados
50 g de champiñones cortados a láminas
30 g de semillas de girasol
Aceite de oliva
Sal
Salsa tamari
Jengibre fresco rallado
Perejil cortado fino

Cuece las espirales con abundante agua hirviendo y una pizca de sal durante unos 8-10 minutos. En una cazuela sofríe la cebolla con aceite de oliva durante unos 10 minutos y añade los champiñones cortados a láminas. Adereza con unas gotas de salsa tamari. En una olla hierve las judías verdes y el calabacín durante unos 5-7 minutos. Retira del fuego y escurre. Añade estas verduras y las espirales a la cazuela con las otras verduras salteadas. Finalmente añade las semillas de girasol, unas gotas de salsa tamari y jugo de jengibre al gusto. Decora con perejil.

Rico en hidratos de carbono

Se trata de un plato rico en hidratos de carbono y con un buen aporte de vitaminas, minerales y fibra gracias a que la pasta es integral. Las semillas de girasol y el aceite de oliva aportan los ácidos grasos esenciales (Omega-6 y Omega-9) y vitaminas liposolubles como la E (alfa-tocoferol), además de polifenoles (antioxidantes naturales). El aceite de oliva también contiene escualeno, una sustancia grasa muy saludable y que últimamente se ha puesto de moda. Siempre es preferible que emplees verduras de la estación para elaborar éste y otros platos porque contienen más nutrientes.

ESPAGUETIS INTEGRALES
AL ESTILO ORIENTAL

120 g de espaguetis integrales
1 zanahoria cortada en juliana
1 manojo de brécol cortado en ramilletes
1/2 paquete de germinados de soja
30 g de semillas de sésamo
Sal
Aceite de oliva

Para la salsa:
30 - 50 ml de agua
1 cucharada sopera de salsa de soja
10 g de semillas de sésamo (1 cucharadita)
1 cucharadita de jugo de jengibre
1 cucharada de concentrado de manzana

Cuece los espaguetis en abundante agua durante 8-10 minutos. Aparte, hierve la zanahoria y el brécol durante 10 minutos con abundante agua y una pizca de sal. Prepara el aliño mezclando todos los ingredientes. Incorpora a la pasta los germinados de soja, las verduras cocidas (al dente) y las semillas de sésamo y rocía con el aliño.

Alimentos vivos

Los germinados son alimentos «vivos», ricos en enzimas que facilitan la digestión de proteínas y grasas. Además, contienen aminoácidos esenciales (sobre todo los germinados de legumbres) y gran cantidad de vitaminas y minerales. Ayudan a mantener las enzimas del propio organismo y estimulan la regeneración del metabolismo. Fortalecen el sistema inmunitario.

TABULÉ

1 tomate grande
1/2 pimiento morrón verde
1/2 pimiento morrón rojo
1/2 cebolla picada
Perejil
Ajo
1/4 de taza de bulgur previamente remojado durante una hora en agua
Cebolla
Sal
Aceite de oliva
Vinagre o limón
Hojas de lechuga para decorar

De Oriente Próximo

Este plato, típico de los países de Oriente Próximo, es una forma muy atractiva de incluir en la dieta alimentos ricos en nutrientes. El ajo posee propiedades antioxidantes muy importantes (tiene selenio, germanio, vitamina A, vitamina C y zinc). Refuerza el sistema inmunológico además de contribuir a la reducción de la presión sanguínea en las personas que padecen hipertensión. También actúa como un antibiótico natural.

Corta todos los ingredientes en cubos pequeños y ponlos en un bol junto con el bulgur escurrido. Remueve bien y, a continuación, condimenta al gusto con la sal, el aceite de oliva y el vinagre o el limón, según tus preferencias.

BERENJENAS RELLENAS CON SOJA TEXTURIZADA Y GRATINADA

2 berenjenas normales
1 tomate
1/2 cebolla
2 cucharadas de soja texturizada y dejada en remojo durante 10 minutos
1/2 zanahoria
Aceite de oliva
30 g de queso rallado para gratinar
1 vaso de bebida de soja
1 cucharadita de harina

Corta las berenjenas por la mitad y extrae toda la pulpa del interior. Sofríe la cebolla picada en una sartén con aceite. Cuando esté dorada, añade la zanahoria (pelada y picada), el tomate rallado y la pulpa de la berenjena. Incorpora la soja texturizada, una cucharadita de harina y la bebida de soja para que quede una masa homogenea.

Aparte, hierve durante 5 minutos las berenjenas vacías (para que la piel se ablande) y rellénalas después con la preparación. Gratina con queso rallado de 10 a 15 minutos.

¿Tienes invitados?

Plato ideal para cuando se tienen invitados: además de atractivo, es nutritivo (la soja texturizada es un buen sustituto de la carne picada y aporta muchas proteínas) y bajo en grasas por las verduras (que deben estar bien picadas para resultar suaves al paladar).

TORTILLA DE BRÉCOL Y GERMINADOS DE ALFALFA

3 huevos
100 g de brécol
1 puñado de germinados de alfalfa
20 g de avellanas picadas
Sal
Aceite de oliva
Nuez moscada
1 tomate

Retira los tallos duros del brécol, lávalos y córtalos en ramilletes. Cuece en agua hirviendo durante unos 15 minutos. Escurre y pícalo bien. Bate los huevos y añade el brécol y los germinados de alfalfa. Haz la tortilla en una sartén con un poco de aceite de oliva. Puedes acompañar el plato con un tomate abierto.

Alto valor nutritivo

Los huevos son una fuente importante de proteínas de alto valor biológico. Se recomienda tomar como máximo dos huevos a la semana, debido al elevado contenido en grasas saturadas de la yema. Por eso, a veces es una buena opción hacer la tortilla con dos yemas y tres claras (disminuimos así las grasas y aumentamos el aporte de proteínas procedentes de la clara del huevo).
Los germinados de alfalfa son muy remineralizantes y el brécol es una verdura rica en fibra, calcio, potasio, magnesio, hierro y azufre. Es muy fácil de digerir y muy baja en calorías.

Recetas nutritivas y estimulantes del apetito

NÉCTAR TROPICAL

1 maracuyá
1/2 papaya
1 nectarina
1 plátano
Hielo picado
1 rodaja de naranja

Pela el maracuyá y la papaya. Pásalos por la licuadora junto con la nectarina. Vierte el zumo en la batidora, añade el plátano y el hielo picado y mézclalo hasta obtener un granizado. Adorna con la rodaja de naranja.

Muy energético

El plátano es una fruta muy energética que, además de contener hidratos de carbono, tiene gran cantidad de calcio, potasio, fósforo y magnesio. Es ideal para las personas que realizan deporte y para aquellas que necesitan subir un poco de peso. Siempre se suele evitar en las dietas de adelgazamiento, aunque puede resultar beneficioso incluirlo de vez en cuando en la dieta; a ser posible en el desayuno, para aprovechar su aporte calórico a lo largo del día y no acumularlo en forma de grasas.

SOPLO DE VERANO

1 naranja pelada
100 g de cerezas
100 g de sandía
Menta para decorar

Estimulante del apetito

La menta se ha utilizado desde la Antigüedad para estimular el apetito. Tiene propiedades carminativas, digestivas y tonificantes. Normalmente se emplea para la elaboración de sorbetes, refrescos, macedonias de frutas y tisanas. Las cerezas (provenientes de Asia) son ricas en potasio y vitamina C, tiene propiedades laxantes y aportan pocas calorías. El origen de la sandía es incierto, aunque se cree que proviene de África. Esta fruta es baja en calorías, pero aporta grandes cantidades de vitaminas (C y el complejo B) además de que es muy baja en sodio, por lo que es muy apropiada para las dietas de adelgazamiento.

Pasa las frutas por la licuadora. Vierte el zumo en un vaso alto con hielo picado y adorna con una hojita de menta.

BATIDO DE FRESAS

200 g de fresas
2 peras en su punto
1/2 plátano maduro
2 cucharadas de levadura de cerveza

Pasa las fresas y la pera por la licuadora. Vierte el zumo en la batidora, añade el plátano y la levadura, y bate hasta que se mezcle bien.

Complemento alimenticio

La levadura de cerveza contiene muchos nutrientes, como colina, metionina, el complejo de vitaminas del grupo B, azufre y oligoelementos como el selenio.
Las fresas tienen propiedades diuréticas y depurativas, son laxantes y regulan la función hepática, nerviosa y endocrina. Son aptas para los diabéticos, ya que en vez de sacarosa contienen levulosa.

APERITIVO ROJO

1 racimo mediano de uvas negras
50 g de cerezas deshuesadas
75 g de arándanos
Un puñado de bayas

Licúa las uvas, las cerezas y las bayas, y vierte el zumo en un vaso o recipiente con hielo muy picado. Añade unas bayas enteras y cómetelo con cuchara.

Antioxidantes

Contiene gran cantidad de sustancias antioxidantes, como la vitamina C y los bioflavonoides (que aumentan los efectos de la vitamina C). Las cerezas tienen muy pocas calorías.

Cómo paliar la delgadez excesiva

Hay mujeres a las que les cuesta ganar peso porque están genéticamente «programadas» para ser delgadas. Aunque estas mujeres son la envidia de las que están perpetuamente a dieta, lo cierto es que no están contentas con su cuerpo porque tienen poco pecho, carecen de formas o ambas cosas.

El **fenogreco** o alholva, que ya se tomaba en la Grecia clásica para redondear las formas femeninas, puede ser una gran ayuda. Puede tomarse en forma de cápsulas o incluirlo germinado en ensaladas, platos de verduras o bocadillos.

Si quieres ganar peso, acude a un dietista y no comas por tu cuenta alimentos hipercalóricos poco sanos. Puedes incluir en tu dieta alimentos ricos en hidratos de carbono como **pan y pasta integrales, patatas y plátanos, o zumos variados**.

Toma frutas que contengan vitaminas y un tónico de **limón**, el tradicional estimulante del apetito.

El fenogreco

El fenogreco o alholva
(*Trigonella foenum-graecum L.*)
es una planta originaria de la
cuenca mediterránea y del
sudoeste de Asia que ya usaban
las mujeres orientales y de la antigua Grecia
para redondear sus formas. El fenogreco es
una planta eminentemente femenina que se ha
usado para combatir enfermedades propias de
este sexo.

La **harina de fenogreco** se considera
un fortificante general debido a su contenido
en albúminas, grasas e hidratos de carbono,
por lo que puede ser útil en mujeres que
tengan problemas de delgadez excesiva o que
hayan perdido peso. Para combatir su olor algo
desagradable, se puede tomar junto a algún
producto aromático como limón o menta.

Para combatir el **agotamiento** y
adelgazamiento de origen nervioso, mezcla 30 g de semillas de fenogreco, 1/2 l de
aceite de oliva y 1/2 kg de miel. Consérvalo en
un envase cerrado y toma una cucharada en cada comida.

El fenogreco contiene precursores de hormonas
y se usa, en forma de infusión, para embellecer
el pecho y **reafirmarlo**. Tradicionalmente,
se utilizaba para incrementar la producción de
leche en las madres gestantes (hace efecto entre 24 y 72 horas después de tomarlo), pero
actualmente muchos expertos no lo aconsejan
debido a su sabor amargo, que pasa luego a la
leche materna. Una ventaja es que una vez ha
habido un incremento de la producción de leche
se puede dejar de tomar porque ésta se estabi-
liza. Actualmente el fenogreco está disponible
en cápsulas.
El fenogreco no se puede usar si la mujer está
embarazada porque puede causar
contracciones uterinas.

El fenogreco también está indicado en caso de anemia, anorexia, dispepsias, estreñimiento, catarro, dietas vegetarianas (por su contenido en proteínas), gastritis, diabetes, hipertensión, síndrome premenstrual y, aplicado en forma de cataplasmas, para el acné, los abscesos y los forúnculos; además, contiene antioxidantes que ayudan a prevenir el envejecimiento.

Uso externo
Para tratar el pecho se pueden usar emplastos de decocción de fenogreco. Hierve durante 15 minutos 100 g de semillas trituradas de fenogreco. Aplica en forma de cataplasmas tibias. También puedes usarlo como una loción y masajearte el pecho. Estos remedios ayudarán a redondear el pecho y mantendrán sana y flexible la piel.

Asimismo, se pueden enriquecer sopas, estofados y otros platos con semillas germinadas de fenogreco.

Es una de las plantas medicinales más antiguas; el papiro de Ébers, un documento médico egipcio del siglo xv a.C., ya la recomendaba como emplasto para curar las quemaduras.

Sándwich de revuelto de espárragos verdes y fenogreco germinado

4 rebanadas de pan de cereales
3 huevos
2 tomates
25 ml de leche de soja
10 puntas de espárragos verdes
2 dientes de ajo
50 ml de aceite de oliva
1 puñado de fenogreco germinado
Sal
Pimienta negra
Tomillo

Pela y lamina los ajos. Cuece las puntas de los espárragos y resérvalas. Calienta en una sartén el aceite y dora los ajos. Añade las puntas de los espárragos y saltea durante cinco minutos a fuego medio.

En un bol bate los huevos ligeramente e incorpora la leche de soja, la sal, la pimienta y el tomillo. Añade esta mezcla a la sartén y remueve constantemente hasta que el huevo cuaje.

Corta los tomates por la mitad y unta el pan con ellos. Pon una de las rebanadas en un plato, vuelca la mitad del revuelto, cubre con el fenogreco y tapa con el otro pan. Repite la operación para el otro sándwich.

Plantas para la mujer

L as plantas que tienen acción positiva sobre el pecho, además del fenogreco, son la **salvia**, el **lúpulo** y la **alfalfa**, por su contenido en fitoestrógenos (sustancias que actúan de manera similar a los estrógenos) pueden ayudar ligeramente en el crecimiento del pecho.

Las **algas** son alimentos con gran contenido en sustancias de alto valor nutricional. Además de contener gran cantidad de vitami-

Dong Quai

Para regular los ciclos menstruales y favorecer, como efecto secundario, el estado de los pechos, se usa en China desde hace siglos el Dong Quai (*Angelica sinensis*), que tiene unas sustancias llamadas «fitoestrógenos» que son parecidas a los estrógenos humanos. El Dong Quai se utiliza para tratar la menopausia, los desórdenes en el funcionamiento de los ovarios y el síndrome premenstrual. Esta hierba alivia los dolores y relaja los músculos lisos, por lo que es útil para acabar con los calambres uterinos. Asimismo, el Dong Quai alivia los dolores menstruales y las cefaleas. El Dong Quai ayuda a sanear el organismo: purifica la sangre y activa la circulación y es un lubricante para los intestinos que combate el estreñimiento.

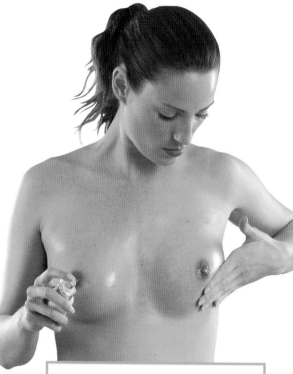

Localmente puedes aplicar **aceite de alholva, onagra y yoyoba** para redondear el pecho y nutrir los tejidos.

nas y minerales posee la capacidad de limpiar el organismo y ayudar en la eliminación de toxinas acumuladas.

También exisite una planta llamada **cimicífuga racemosa** que junto a las isoflavonas de la soja contribuye a mantener el equilibrio hormonal de la mujer, sobre todo durante la época de climaterio y menopausia.

Para mantener la turgencia, son útiles la **soja** y sus derivados, ricos en isoflavonas, que previenen enfermedades cardiovasculares, palian en parte la carencia de estrógenos durante la menopausia y previenen la osteoporosis y determinadas formas de cáncer, entre ellas el de pecho.

Para mantener
la turgencia de
los senos,
son útiles la soja
y sus derivados.

Los germinados

Los germinados son alimentos muy sanos y nutritivos porque contienen lo mejor de las semillas: una eclosión de vida.

Cuando las semillas germinan modifican su composición, aumentando su concentración en minerales y vitaminas. Los germinados son especialmente ricos en vitaminas A, B y C porque las enzimas transforman el almidón en azúcar simple (glucosa o fructosa) y permiten la síntesis de las vitaminas. Los germinados también son una buena fuente de clorofila y enzimas, y superan en estos elementos a frutas y verduras. La clorofila es antianémica y revitalizante, y ayuda a prevenir la degeneración de los tejidos.

Las semillas germinadas son depuradoras del organismo, reguladoras del sistema endocrino y del metabolismo en general, incrementan el tono muscular y tienen un efecto rejuvenecedor.

Los germinados ofrecen grandes posibilidades para enriquecer ensaladas y otros platos, especialmente durante el invierno, cuando escasean las verduras y las hortalizas.

Elaboración de germinados

- Cuanto más **pequeñas** sean las semillas, antes germinarán y menos posibilidades habrá de que críen moho. Las semillas deben tener cáscara y pueden ser de todo tipo: lentejas, mijo, alfalfa, fenogreco, judías mung, soja, trigo, cebada, zanahoria, cebolla, mostaza, rábano… En cambio, no se pueden germinar, porque resultan tóxicas, las semillas de patata, tomate, pimiento o berenjena.

- Pon las semillas en **remojo** durante un día, escúrrelas bien y ponlas en un tarro de forma que ocupen una quinta parte del espacio.

- Cubre la boca del tarro con una **gasa** y una **goma elástica** e inclínalo suavemente para permitir que las semillas se adhieran a los lados del frasco. Sitúalo en un cuenco poco profundo para permitir que escurra el líquido sobrante.

- Dale un **baño de agua** a los germinados para proporcionarles humedad y evitar la formación de moho. Deja germinar de tres a cinco días.

- Puedes utilizar los germinados en muchos **platos**: ensaladas, bocadillos, tortillas, platos de verdura… Lo mejor es que los tomes en crudo o que al menos evites cocciones muy prolongadas para evitar que pierdan nutrientes.

- **Mezcla** varios tipos de germinados para descubrir nuevos sabores y que sus nutrientes se complementen.

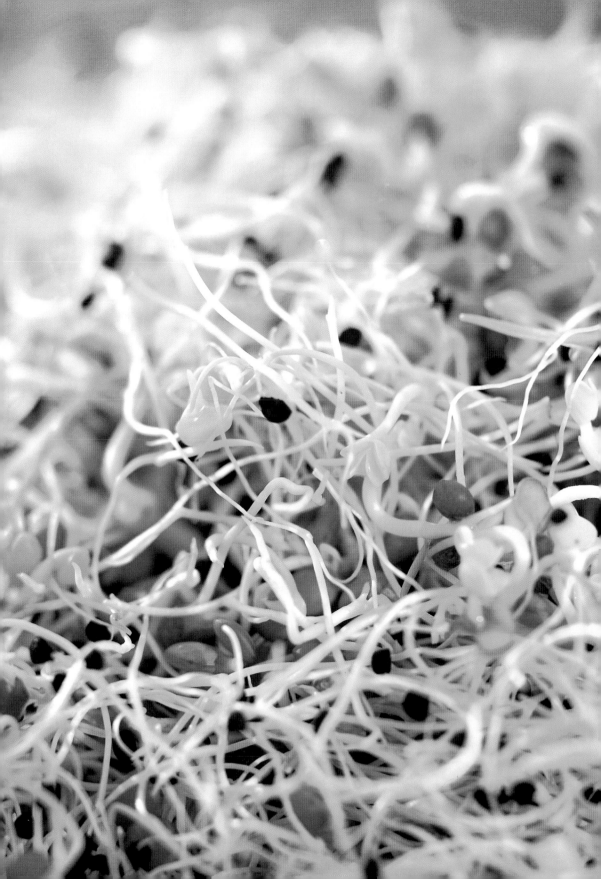

Recetas con germinados

ENSALADA ACUARIO

2 zanahorias
100 g de col rallada
Apio a trozos
1/2 manzana roja
100 g de alfalfa germinada
1 cucharada de zumo natural
de frutas ácidas.

Trocea la manzana, mezcla todos los ingredientes y echa por encima el zumo de frutas. Sirve inmediatamente.

GERMINADOS VARIADOS

100 g de germinados de judía mungo o soja verde
100 g de lentejas germinadas
100 g de alfalfa germinada
100 g de fenogreco germinado
Aceite, tahín y sal

Una «bomba» de nutrientes
Este plato es una auténtica «bomba» de nutrientes. El tahini es pasta de sésamo, muy adecuado para ensaladas o salsas y patés.

La alfalfa
El germinado de alfalfa es quizás el más consumido. Se trata de una legumbre, y es originaria del norte de África. Se encuentra en casi todas las tiendas de dietética y comida naturista. Posee un agradable sabor. La col es rica en fibra, minerales y vitaminas. Esta hortaliza era muy apreciada por la antigua Roma.

Mezcla todos los germinados y aderézalos con pasta de sésamo o tahini.

ENSALADAS

Salsas para ensaladas

• Salsa picante

50 g de germinados de alfalfa
50 g de germinados de rábano
1/4 de tomate cortado en pedazos
1/4 de pimiento rojo cortado en trocitos
1 pizca de pimienta de cayena
1/3 l de agua
1 cucharada de salsa
de soja

Bate todos los in-
gredientes durante
dos minutos.

**Esta salsa puede
acompañar ensaladas y
verduras. Tiene propiedades digestivas.**

• Salsa reina verde

1 aguacate
Apio cortado
50 g de germinados de rábano
Zumo de 1/2 limón

Bate todos los ingredientes hasta obtener una
consistencia cremosa. Ideal también para
acompañar tostaditas de pan.

**Crema con un alto contenido en
grasas insaturadas. El zumo de
limón, además de aportar vitamina C,
ayuda a que no se ennegrezca el
aguacate. Un dato curioso: el hueso del
aguacate añadido como decoración en la
crema ayuda a que ésta no se oxide.**

VERDURAS, TOFU Y GERMINADOS

*1/2 lechuga romana
partida en trozos pequeños
100 g de alfalfa germinada
100 g de soja germinada
50 g de champiñones lavados y
cortados a láminas
200 g de coles de Bruselas cocidas
150 g de tofu cortado a dados
1 cucharada de pipas de calabaza*

*Para el aderezo:
1 cucharada de vinagre de manzana
1 cucharada de zumo de limón
1 cucharada de aceite de oliva
Sal, pimienta y perejil*

Dispón todas las verduras en una ensala-
dera. Licúa los ingredientes del aderezo y
viértelos sobre las verduras.

El tofu

La variedad de ingredientes de este plato
proporciona gran cantidad de vitaminas y
minerales. Además, el tofu (queso de soja)
aporta proteínas de elevado valor biológico.
Según la filosofía de la Medicina Tradicional
China (MTC), el tofu elimina el calor, lubrica
la sequedad, propicia los fluidos corporales
y ayuda a desintoxicar el organismo, refuerza el bazo y regula el estómago.

CHOP SUEY

50 g de germinados de judías mung o soja verde

400 g de verduras variadas cortadas muy finas (nabos, puerros, col, apio...)

1/2 cebolla picada

1 diente de ajo

1 cucharada de aceite de oliva

Salsa de soja o tamari

Perejil

Agua

Sal

Dora la cebolla y el ajo en el aceite, y añade las verduras cortadas en daditos y el germinado. Añade 25 ml de agua y tápalo para que se cocine al vapor unos minutos.

El Chop Suey se prepara en poco tiempo porque la verdura debe quedar al dente.

Soja verde

La judía mung se conoce popularmente con el nombre de «soja verde». La germinación de la soja verde es especialmente sensible a la luz directa.

SOPA DE CREMA DE COLIFLOR

200 g de coliflor

50 g de germinados de lentejas

100 g de piñones (previo remojo 6 horas)

Perejil

Agua

Hierve la coliflor durante unos 15-20 minutos. Escurre y añade los demás ingredientes. Después bate hasta conseguir una textura suave.

Vitaminas del grupo B

Al añadir los germinados de lentejas (verdes) aumenta el valor nutritivo de esta sopa. Contiene gran cantidad de vitaminas del grupo B (aliados del buen funcionamiento del sistema nervioso), betacarotenos (provitamina A), vitamina C (antioxidante) y minerales.

PLATOS PRINCIPALES

CHOW MEIN

50 g de soja verde germinada
50 g de lentejas germinadas
1/2 cebolla cortada en rodajas
50 g de champiñones
1 cucharada de aceite de oliva
Tamari al gusto

Cuece al vapor los champiñones y las cebollas. Añade el aceite y los germinados y aliña con la salsa. Calienta todo sin que llegue a cocer. Sirve con mijo o arroz integral.

Desde Asia central

Es un plato fácil de elaborar. Normalmente las lentejas que se germinan son las verdes. Éstas provienen de Ásia central y son pequeñas, redondas y planas. Tienen abundante vitamina C, hierro y proteínas.

SOPA DE INVIERNO

150 g de verduras variadas cocidas
100 g de alubias cocidas
1 cucharada de semillas de girasol
50 g de alfalfa germinada
1/2 cebolla
Agua

Bate todos los ingredientes hasta obtener la consistencia deseada. Calienta y añade la alfalfa germinada antes de servir.

Para épocas de frío

Sopa ideal para los meses de frío. Contiene gran cantidad de proteínas provenientes de las alubias y de los germinados. Las semillas de girasol aportan saludables grasas insaturadas y en cuanto a las verduras, gran variedad de vitaminas.

Propiedades de los germinados

• Alfalfa

Remineralizante: combate la fatiga y la debilidad. Muy recomendable durante el embarazo. Contiene vitaminas A, C, B, E y K, además de calcio, magnesio, potasio, hierro y los oligoelementos selenio y zinc.

En la cocina: Puede constituir la base de nuestros platos frescos, así como sustituirlo por la clásica lechuga. Se puede comer sola o acompañada de legumbres, arroz o pasta integral. Es muy fácil de germinar en casa

• Berro

Muy efectivo para combatir la fatiga primaveral. Es muy rico en vitaminas A, B_2, E y C y minerales como hierro fósforo, manganeso, cobre, zinc, yodo y calcio. Posee propiedades alcalinizantes de la sangre, neutralizando el exceso de toxinas.

En la cocina: Es el germinado más adecuado para consumir en los cambios de estación (primavera y otoño especialmente). Es muy bueno en ensaladas y una buena alternativa como acompañante de huevos duros o pasados por agua.

• Fenogreco

Refuerza el organismo y es útil para levantar el ánimo

En la cocina: Se recomienda consumirlo lo más fresco posible acompañando ensaladas.

• Judía mungo o soja verde

Ideal en dietas de adelgazamiento, con anemia, artrosis o osteoporosis. Fortalece el sistema nervioso y contribuye a disminuir el exceso de colesterol. Contiene proteínas, especialmente el aminoácido metionina, que tiene un efecto relajante del cuerpo. Son ricas en vitamina C, hierro y potasio.

En la cocina: Conviene lavarlas con agua una vez germinadas. Puede acompañar las ensaladas u otros germinados, en sopas…

• Lenteja verde

Ideal para personas con una intensa actividad física o/y mental. Contiene gran cantidad de proteínas, hierro y vitamina C.

En la cocina: Los germinados deben masticarse siempre bien y consumirse moderadamente. Se pueden añadir a sopas y potajes una vez servidos en la mesa, conservando su riqueza en vitaminas. De este modo enriquezemos nuestra dieta sin sobrecargar el hígado.

• Mostaza

Aconsejado en las trastornos digestivos. Normaliza los estados inflamatorios. Rica en proteínas, vitamina C y lípidos.

En la cocina: Combina muy bien con germinados de berros y alfalfa. Tiene un sabor picante, nada que ver con la mostaza. Es adecuado para los bocadillos, ensaladas, sopas y zumos.

• Rábano

Recomendable para combatir las digestiones pesadas. Suaviza y calma la tos seca y ablanda las mucosidades.

En la cocina: Tiene un sabor ligeramente picante. Se puede consumir crudo en forma de ensalada, en patés vegetales, con queso o requesón y también en salsas.

• Trigo

Útil en los trastornos nerviosos y emocionales. Es un excelente regenerador celular y remineralizante.

En la cocina: Los germinados de cereales combinan muy bien con otros cereales (ya sea en copos o en grano). Son los más apropiados para hacer repostería y pan. Son deliciosos en bocadillos y ensaladas.

• Rabanito

Contiene gran cantidad de clorofila y es recomendable en los tratamientos de insuficiencia biliar. Mejora la digestión de grasas.

En la cocina: Es una variedad del rábano de tamaño más pequeño. Su sabor y propiedades son más suaves que las del rábano. También es bueno combinado en bocadillos, sopas, ensaladas..

NÉCTAR DE REJUVENECIMIENTO

40 g de col fermentada
Apio
Perejil
40 g de espinacas
cortadas

Pasa todo por la licuadora. Si quieres que quede más dulce puedes añadirle zanahoria.

Bacterias beneficiosas

Los vegetales fermentados o pickles son fáciles de digerir. Con el proceso de la fermentación se originan bacterias lácteas que favorecen la regeneración de la flora intestinal.

FUENTE DE JUVENTUD

100 ml de zumo de zanahoria
100 ml de zumo de apio
2 cucharadas de zumo de remolacha
25 ml de zumo de trigo germinado

Mezcla los zumos y bate lentamente. Aliña con menta.

Muchas vitaminas

Zumo muy remineralizante, rico en betacaroteno y otras vitaminas

CÓCTEL ANTIENVEJECIMIENTO

200 g de papaya
5 g de polen
45 ml de extracto de ginseng siberiano o eleuterococo

Licúa la papaya, añade el polen y el extracto de ginseng. Se recomienda tomar un vaso por la mañana tres veces por semana.

El polen

El polen es muy rico en azúcares, lípidos y proteínas. Contiene una importante cantidad de vitaminas A, C, D, E, complejo del grupo B y flavonoides. Además, posee enzimas y sustancias con propiedades antibióticas. Constituye un tónico energético excelente y ayuda a combatir la fatiga mental.

CÓCTEL DE HORTALIZAS

3 ramilletes de brécol
1 diente de ajo
2 zanahorias
Apio y 1/4 de pimiento verde

Pasa el brécol y el ajo por la licuadora junto con las zanahorias. Añade el apio y el pimiento verde y mezcla bien.

Antioxidante

Excelente fuente de vitaminas y minerales con propiedades antioxidantes.

BOMBA DE VITAMINAS

200 g de uvas moscatel
1/2 granada madura
1 rodaja de piña
1 naranja
100 g de albaricoques
1/2 limón
1 vaso de hielo picado

Lava las uvas y pela la granada, la rodaja de piña, la naranja y el limón. Si tienen pepitas, quítaselas. Parte los albaricoques y deshuésalos. Licúa las frutas y vierte el zumo en una jarra. Agrega hielo picado y remueve para mezlcar bien los sabores.

Sano desayuno

Los betacarotenos de la zanahoria, junto a las propiedaes reguladoras del tránsito intestinal de la manzana y el aporte de vitamina C por parte del limón y de la naranja, hacen de este zumo muy adecuado para introducirlo en los desayunos. A este zumo también se puede añadir una cucharada sopera de levadura de cerveza y germen de trigo para aumentar el aporte nutricional.

ZUMO TONIFICANTE PARA LAS MAÑANAS

2 zanahorias
1 manzana
1/2 limón
1 naranja

Lava bien las zanahorias y corta la rodaja de la parte superior. Trocea las manzanas en cuartos y quítales el corazón. Pela la naranja y el limón. Licúa, coloca en una jarra y mézclalo bien con una cuchara.

Refrescante

Excelente zumo de frutas, refrescante y con mucha vitamina C, bioflavonoides y fibra.

ZUMO DE CÍTRICOS

2 naranjas
1 pomelo
1 limón
1 cucharadita de miel

Pela las naranjas, el pomelo y el limón (quita las pepitas). Licúa y añade un poquito de miel. Después, remueve bien y sirve.

Extra de vitamina C

Es un zumo con una buena dosis en vitamina C. Excelente para los resfriados.

COMBINADO REFRESCANTE PARA LA PIEL

2 rodajas de piña
1/2 pepino
1/2 manzana

Quita el corazón y las pepitas a la manzana. Pasa por la licuadora la piña, el pepino y la manzana.

Diurético

Zumo muy diurético por su contenido en piña y en pepino. Es muy refrescante y nutre la piel.

EXTRACTO DE BELLEZA

1 puñado de perejil
1/2 manojo de espinacas
2 zanahorias
1/2 manzana sin pepitas

Comprime el perejil y las espinacas y pásalos por la licuadora junto con las zanahorias y la manzana.

Rico en fibra

Zumo rico en fibras, minerales (calcio, hierro) y vitaminas (betacaroteno y vitamina C).

El ejercicio

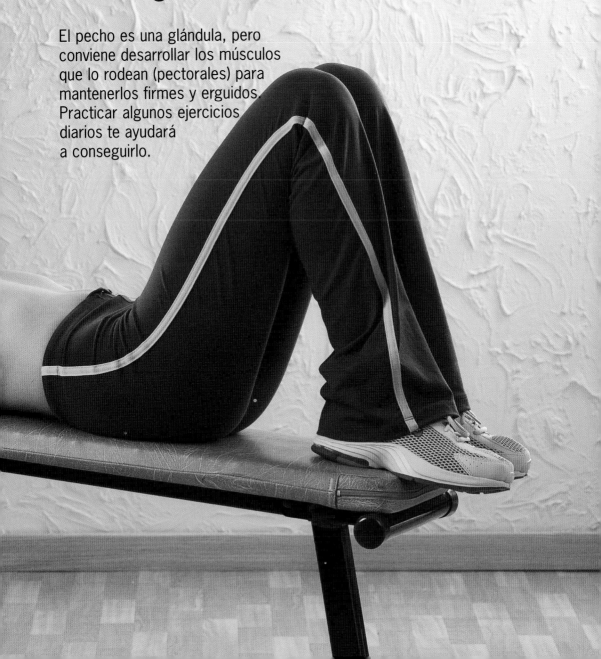

El pecho es una glándula, pero
conviene desarrollar los músculos
que lo rodean (pectorales) para
mantenerlos firmes y erguidos.
Practicar algunos ejercicios
diarios te ayudará
a conseguirlo.

Mejorar el pecho con el ejercicio

Los pechos están situados encima de los músculos pectorales. Por tanto, actuando sobre estos músculos también mejoraremos el aspecto de los senos. Trabajando los pectorales conseguiremos dar firmeza y levantar el pecho en las zonas más próximas del brazo, lo que mejorará su posición, pero no podremos variar apenas la forma de su zona más alta ni la zona más próxima al esternón.

Para el pectoral mayor son buenos los ejercicios que llevan los brazos hacia adentro y los contraen. Puedes cambiar de ejercicio o combinar varios para hacer más amenas tus sesiones de gimnasia. También puedes variar la altura a la que pones los brazos para trabajar las distintas zonas del músculo.

Un tórax bien formado hace que los pechos luzcan más. Unos senos bien formados pueden quedar hundidos y parecer hasta caídos —y lo que es peor, terminar cayéndose— si el tórax es endeble.

Para conseguir que el tórax gane volumen, es importante hacer ejercicios aeróbicos tres veces al día durante veinte minutos: *jogging*, aeróbic, tenis o, incluso, andar rápidamente durante media hora pueden ser buenas maneras de mantenerse en forma.

Las mujeres con poco pecho deben tener cuidado de no abusar del ejercicio aeróbico, pues si queman mucha grasa pueden perder media talla.

Además, hay que proteger el pecho con un sujetador deportivo adecuado cuando se realizan ejercicios de alto impacto, como el *step*, para evitar un excesivo bamboleo de los senos que puede aflojar su sujeción natural.

Tabla básica

Ejercicios diarios para un pecho firme:

1. **Gimnasia exprés.** Haz algo de ejercicio suave cada día (como caminar, subir escaleras...) y practica, al menos dos veces por semana, algún ejercicio aeróbico como bicicleta o natación (ideal para fortalecer los brazos y la parte superior del torso).

2. **Cascanueces** (pág. 131). Repite este ejercicio cada día, cuando te levantes y antes de irte a dormir, 50 veces, presionando una mano contra la otra, y haciendo fuerza con los codos en alto.

3. **Pesas** (pág. 138-141). Para tonificar y fortalecer los pectorales, haz tres series de 10 repeticiones, con pausas de un minuto, al menos tres veces por semana, combinando ejercicios de pecho, hombros y brazos.

Gimnasia exprés

Aunque no deberías buscarte excusas para hacer una tabla de ejercicios diaria —ya sabes que el éxito de tu empresa depende de la constancia—, cuando no puedas realizarlos puedes hacer uso de esta tabla:

1 Pronuncia la letra «X» exagerando al máximo la sonrisa hasta convertirla en una mueca. De esta forma el cuello se crispa y el seno sube ligeramente. Este ejercicio tonifica la cobertura cutánea del pecho. Repite de 10 a 20 veces.

2 Une las dos manos palma contra palma y pon las muñecas a la altura del mentón. Presiona fuerte con ambas manos sin separar los dedos. Repite 20 veces. Este ejercicio es beneficioso para los pectorales.

3 Ponte de rodillas, sentada sobre los talones, inclínate hacia delante estirando los brazos lo más lejos posible hasta que el rostro casi toque al suelo. Repite 10 veces. Este ejercicio sirve para dar flexibilidad a la parte inferior de la espalda y mejorar la postura.

4 De pie, respira profundamente e hincha los pulmones, mete el vientre, aprieta las nalgas, lleva la cabeza hacia arriba metiendo el mentón y mantén los brazos pegados al cuerpo. Pon los antebrazos en ángulo recto con las palmas giradas hacia arriba. Separa los brazos hacia el exterior manteniendo los codos hacia el cuerpo y aguanta la posición 10 segundos. Relaja y repite 5 ó 6 veces. Este ejercicio sirve para fortalecer la espalda.

Ejercicios diarios

Manos juntas

Lleva las palmas de las manos verticalmente hasta la altura del mentón y júntalas con los codos formando un eje con los hombros. Haz fuerza con una mano, mientras la otra opone resistencia y se mueve hacia un lado. Alterna movimientos con la mano derecha y la izquierda, y mantén siempre las manos a la altura de los hombros. Relaja brazos y manos al final del ejercicio.

Hacia delante

Parte de la postura anterior y empuja las manos una contra la otra. Estira lentamente los brazos sin disminuir la presión. Cuando los brazos estén totalmente extendidos, relájalos. Repite el ejercicio varias veces.

Rotación de palmas

Este ejercicio pone en movimiento toda la musculatura pectoral, escapular y cervical. Extiende los brazos lateralmente a la altura de los hombros con las palmas hacia arriba y rótalos 180° de forma que las palmas de las manos vuelvan a encontrarse hacia arriba.

El tórax debe permanecer recto y la cabeza erguida.
Devuelve los brazos a la postura inicial y repite el ejercicio. Primero hazlo más rápido y luego más lento.

Apretar el antebrazo

Al mantener los brazos más altos se ejercita otra parte de los pectorales.
Agarra con cada mano el antebrazo contrario y aprieta con fuerza. Mantén los brazos a la altura de la boca y de la nariz.
Empuja vigorosamente la piel y los músculos del antebrazo en dirección al codo.
Relaja los brazos y empuja de nuevo, siempre en sentido horizontal.
Repite una docena de veces. Para sacar el máximo partido de este ejercicio, repítelo varias veces al día.

El cascanueces

Este ejercicio es para alternar ejercicios de presión y de tracción. Imagina que tienes una nuez entre las palmas de las manos y quieres romperla presionando.
Para hacer el movimiento de tracción, dobla los dedos de cada mano sobre los de la otra, exceptuando el pulgar, y tira con fuerza como si quisieras separar las manos.
Realiza 4 movimientos de presión y 4 de tracción.

Ejercicios diarios

Rotación de los brazos

Es un buen ejercicio para los músculos de los hombros, el cuello y el tórax.

Siéntate y describe amplios círculos con los brazos hacia delante y hacia atrás. Puedes aumentar la eficacia de este ejercicio si usas unas pesas pequeñas.

Brazos hacia atrás

Siéntate con las piernas cruzadas. Esta postura, que ayuda a mantener la espalda recta y evita que arquees las vértebras lumbares, deberías adoptarla algunas veces al día para ser más consciente de tu postura y mejorarla.

Levanta los brazos extendidos por encima de la cabeza, dobla las manos formando un ángulo recto con los brazos y empuja hacia fuera las muñecas. En un segundo tiempo, lleva hacia atrás los brazos, haciendo pequeños movimientos sincopados. Une las manos detrás de la espalda. Mientras los brazos permanecen rectos hacia atrás, el pecho empuja hacia delante. Ten en cuenta extender el cuerpo hacia arriba cada vez que levantes los brazos.

Codos hacia delante

Pon los brazos en cruz y dobla los codos en ángulo recto manteniéndolos a la altura de los hombros. Cierra los brazos hasta que los codos queden alineados con la cabeza y siempre en línea recta con los hombros. Abre y cierra los brazos sin perder la postura. Haz 3 series de 10 repeticiones.

En cualquier lugar

Siéntate en una silla y agarra el asiento con una mano a cada lado y haz como si quisieras levantar la silla contigo encima.

Mantén el vientre metido hacia delante en todo momento. Repite 10 veces. Este ejercicio musculará el pecho y estirará todo tu busto.

Ejercicios en compañía

Una buena opción puede ser quedar con una amiga, de vez en cuando, y practicar juntas algunos ejercicios de tonificación. Podéis organizar una mañana completa dedicada a vuestro cuidado y belleza y probar juntas algunos aceites, cremas y productos naturales.

También puedes convencer a tu chico para que te ayude de vez en cuando. Os divertiréis si mezcláis ejercicios para él y para ti y si termináis la sesión de alguna forma placentera e imaginativa. Prueba con menos peso algunos de los ejercicios que hace él; harán que tus sesiones sean más variadas y divertidas.

Los ejercicios de resistencia (que en muchos casos también puedes realizar con la ayuda de una pared) son muy eficaces para evitar el relajamiento muscular.

No intentes hacer demasiada fuerza; debes sentir el esfuerzo, pero la resistencia no debe ser excesiva. Cansarte más o realizar un sobresfuerzo puede ser perjudicial para tus músculos. La clave de los ejercicios de resistencia no es la intensidad del esfuerzo sino su duración; es decir, hacer muchas repeticiones con poco peso para tonificar.

Después de realizar cada ejercicio, relaja la zona dejándola suelta y sacudiéndola.

Resistencia de los brazos

Siéntate con tu ayudante de pie detrás de ti. Pon los brazos en cruz y ábrelos y ciérralos mientras tu acompañante intenta impedírtelo también con los brazos abiertos. En este ejercicio trabajáis los dos. Una variante es que intentes subir los brazos mientras tu colaborador intenta impedírtelo. Repite el ejercicio intentando bajar los brazos. La resistencia hay que oponerla siempre en los dos sentidos. Cambiad de posición y repetid el ejercicio.

Tracción del compañero

Sigue sentada con tu colaborador situado de pie frente a ti. Dobla el brazo y trata de atraerlo hacia ti.
Alarga luego el brazo rechazándola.

Presión alternada de brazos

Poneos los dos uno frente a otro. Acercad los pies derechos, unid las manos y empujad hacia delante alternativamente el brazo derecho y el brazo izquierdo del otro intentando vencer la resistencia. Es importante mantener los codos a la altura de los hombros y rotar el tronco de forma enérgica acompañando este movimiento.
Repetid el ejercicio uniendo los pies izquierdos.

135

Ejercicios isométricos

«Isometría» quiere decir 'igualdad de medidas'. En la gimnasia isométrica no hay estiramiento de los músculos sino tonicidad muscular. Los músculos se trabajan contrayéndolos y sin estiramiento. Cada contracción va seguida de relajación.

En los ejercicios isométricos no existe movimiento del cuerpo, sino una presión contra una resistencia constante a la que no se puede vencer. Tanto la presión como la tracción deben mantenerse durante seis segundos sin reducir la intensidad. Para controlar el tiempo cuenta en voz alta: ciento uno, ciento dos, ciento tres...

Como los ejercicios son tranquilos permiten mantener un ritmo respiratorio normal durante el esfuerzo. La contracción debe mantenerse durante la espiración y se afloja cuando se ha aguantado el tiempo necesario. Para que el músculo no se cargue, es necesario relajarlo.

Otra ventaja es que pueden realizarse en cualquier sitio, por ejemplo en el coche mientras estamos ante un semáforo en rojo o sentadas ante una mesa apoyando las manos en ésta, de pie con la ayuda de una pared...

Presión en diagonal

Ponte de cara a una pared lo más cerca que puedas. Levanta los brazos en diagonal, un poco por encima de los hombros, y apoya las manos en la pared.
Empuja con fuerza contra el muro hacia dentro, como si quisieras unir las manos, y mantén la presión durante 6 segundos.
A continuación, relaja los músculos durante un momento y repite el ejercicio 3 veces más.
Un programa de gimnasia isométrica específica para el pecho y los pectorales requiere realizar estos ejercicios, al menos al principio, varias veces al día.

Presión de las manos

Ponte en el vano de una puerta, apoya las manos a ambos lados del marco y empuja. Varía la altura de las manos cada vez que hagas una presión: esta primera vez mantenlas a la altura de los ojos, la siguiente apoyándolas a la altura de los hombros y ve bajando progresivamente hasta apoyarlas a la altura de la cintura.

Cuando hagas una presión, cuenta hasta seis y seguidamente baja los brazos y relaja los músculos antes de hacer una nueva repetición.

Dorsales

Remo con una pesa

Este ejercicio fortalece la espalda y los hombros. Flexiona suavemente la rodilla izquierda y toma la pesa con la mano derecha. Tira hacia arriba hasta llegar al pecho y baja hasta la posición inicial.

Inspira cuando tengas la pesa arriba y espira cuando bajes. Haz 10 repeticiones y cambia de posición para hacerlo con el otro brazo.

Contrae el abdomen para no cargar la espalda y mantén la mancuerna próxima al cuerpo y en línea recta con el hombro. La cabeza debe estar en línea recta con la espalda.

Ejercicios con pesas

Para conseguir masa muscular debes realizar movimientos lentos y pesados. Escoge tres o cuatro ejercicios para variar y haz series de diez repeticiones. Cada mes aproximadamente, cambia la rutina para que tu cuerpo no se acostumbre a ella y tú no te aburras.

Además, también puedes hacer ejercicios para moldear hombros, cuello y tórax, que contribuirán a realzar visualmente tu pecho.

Aperturas en el suelo

Son excelentes para moldear el pecho. Coge un par de mancuernas de peso moderado y túmbate en el suelo.

Empieza el ejercicio con los brazos estirados hacia adelante a la altura del pecho y las palmas de las manos mirándose entre ellas. Abre los brazos lentamente y empieza a bajarlos de forma relajada hasta que toquen el suelo. Notarás cómo se estira el pecho.

Mantén la región lumbar apretada contra el suelo y los codos algo flexionados. Después, vuelve a la posición inicial subiendo con fuerza los brazos y contrayendo los músculos del pecho. Cuando llegues arriba, aprieta un momento y repite.

Press de banco con mancuernas

Acuéstate sobre un banco plano, sujeta las mancuernas cerca de los hombros y empieza a subirlas hasta que se toquen arriba. Mantén los codos ligeramente flexionados.
Aprieta arriba y luego baja las mancuernas con lentitud hasta el punto de partida.

En este ejercicio, al usar dos mancuernas, las manos trabajan independientemente y usamos más músculos para mantener el equilibrio y la coordinación.
Es importante mantener la espalda apretada contra el banco para no dañarla.

Press de banco inclinado

Este ejercicio moldea los pectorales exteriores y superiores.
Tiéndete sobre un banco inclinado, sujeta la barra por cada extremo por la parte interior de los platos. Baja la barra hasta el pecho de forma que quede a unos 5 cm del pecho.
Sube la barra hasta extender los brazos.
Mantén los codos hacia atrás y las caderas

sobre el banco. Los pies pueden estar apoyados en el suelo o flexionados sobre el banco, y la espalda no tiene que arquearse.
Baja la barra de forma controlada y marca una pausa cuando llegues al pecho. Aprovecha para inspirar cuando estés arriba y exhala el aire cuando bajes la barra.

Ejercicios para los hombros

Levantamiento lateral

Ejercicio para los deltoides frontales y exteriores. Siéntate sobre el extremo de una silla con los pies firmes en el suelo.

Sujeta las pesas con las palmas hacia dentro y extiende los brazos hacia abajo por los costados. Inspira.

Levanta suavemente las pesas en un movimiento semicircular hasta un poco por encima de los hombros. Haz una pequeña pausa y baja hasta la posición inicial. Exhala el aire.

Si lo prefieres, puedes realizar este ejercicio de pie.

Levantamiento de pesas con un solo brazo

Una variante del ejercicio anterior que permite concentrarse más en los músculos correspondientes de cada brazo.

De pie, sujétate al respaldo de una silla alta. Sujeta la pesa a la altura del hombro con el brazo flexionado. Mantén firmes las piernas y las caderas y los codos y las palmas hacia dentro. Levanta la pesa hasta tener el brazo extendido y vuelve a la posición inicial.

Repite el movimiento con el otro brazo. Inspira cuando estés arriba y espira abajo.

Remo hacia arriba

Este ejercicio se usa para los deltoides frontales y el trapecio.

Sujeta la barra con las palmas hacia abajo y las manos separadas unos 15 ó 20 cm. Los brazos tienen que estar extendidos.

Estira la barra hacia arriba hasta casi tocar el mentón. Mantén los codos hacia fuera, a la altura de los oídos y la barra pegada al cuerpo. Realiza una pequeña pausa arriba antes de bajar y aprovecha para inspirar. Cuando bajes, espira.

Levantamiento de barra por detrás del cuello

Para los deltoides frontales y posteriores

Siéntate con los pies separados unos 40 cm y coloca la barra sobre la parte superior de la espalda. Mantén las manos separadas unos 10 ó 15 cm más que la distancia que hay entre los hombros.

Levanta la barra por encima de la cabeza hasta extender los brazos Cuando estés arriba, inspira. Baja hasta los hombros y haz una pausa. Exhala el aire.

Levantamiento de barra desde el pecho sentada

Para los deltoides frontales y exteriores.

Siéntate en el extremo del banco con los pies firmes sobre el suelo y eleva la barra hasta los hombros mientras inspiras. Mantén el pecho alto y la espalda recta, levanta la barra lentamente hasta llegar a extender los brazos por encima de la cabeza.

Baja hasta la posición inicial y espira.

141

El pecho y la salud

Cada día aumentan los casos de
cáncer de mama, una enfermedad
muy ligada al estilo de vida
occidental. Cuidar la alimentación y
autoexplorar los senos regularmente
son básicos para prevenirlo.

Alimentos contra el cáncer

L as frutas y las verduras de color rojo, especialmente los tomates, la sandía y la guayaba, contienen licopeno, que es un potente antioxidante que previene el cáncer de pulmón, estómago, próstata y mama.

Las verduras de color verde como el brécol, las coles de Bruselas y el repollo aportan isotiocianatos, unas enzimas que refuerzan las defensas del organismo frente a la acción de los pesticidas y otras sustancias cancerígenas, e indoles, que protegen contra los tumores asociados a las hormonas, como el de mama.

El ajo, el puerro y las cebollas son ricos en compuestos de azufre que tienen efectos anticancerígenos.

También tienen efectos anticancerígenos las frutas ricas en pectina, como la manzana; el sésamo, las setas, las uvas negras, las alcachofas, las algas marinas, los espárragos y las espinacas.

Los alimentos más recomendados

- Incluir alimentos ricos en **soja**. Se ha observado que en las poblaciones asiáticas, donde la dieta se basa sobre todo en la soja y sus derivados, hay una menor tasa de incidencia de tumores. La cantidad de isoflavonas que consumen los pueblos asiáticos en su dieta diaria es de 45 mg/día de promedio, frente a los 5 mg/día de una dieta prototipo occidental.

- Consumir **verdura** (brécol, col, etc.) y **ensaladas** a diario, pues son alimetos ricos en sustancias antioxidantes.

- Consumir **cereales integrales** (arroz, pasta, avena, cebada...).

- Recurrir a las **proteínas de origen vegetal**: legumbres, derivados de la soja (tofu, tempeh...), seitán (proteína de trigo).

- Incluir **pescado azul** (sardinas, atún, caballa...) en la dieta. Aportan ácidos grasos Omega-3.

- Introducir el hábito de comer **algas**. Su contenido en minerales nos ayuda a depurar el organismo. Además, el ácido algínico que contiene propicia la expulsión de metales contaminantes.

- Utilizar **aceites de calidad** para aliñar tus platos (de oliva, girasol, soja...). Para cocinar siempre es mejor un aceite de oliva, pues aguanta más las altas temperaturas y no se oxida tan fácilmente como los demás aceites vegetales.

- Evitar los dulces y la bollería, así como los alimentos procesados y refinados.

¿Cómo evitarlo?

- Evitar los sujetadores de **armazón metálico** o los sujetadores demasiado rígidos que impiden la irrigación sanguínea.

- Realizar regularmente **ejercicios gimnásticos** para los músculos pectorales.

- Tratar enseguida las infecciones o las heridas. Esto significa no suprimir el síntoma, sino investigar las causas de mastitis o de abscesos, por ejemplo, para ponerles solución.

- **Dar el pecho**. Numerosos estudios médicos han demostrado que existe una correlación entre la lactancia y la prevención de cáncer de mama.

Consejos para prevenir el cáncer de mama

En la prevención del cáncer tiene mucho que ver nuestro estilo de vida. Si mantenemos hábitos poco sanos tenemos más posibilidades de padecer esta enfermedad que, por otro lado, debido a la mayor esperanza de vida se ha hecho más frecuente en el mundo occidental, al igual que otras enfermedades degenerativas.

Un dato alarmante: el riesgo de padecer la enfermedad es seis veces mayor para la mujer europea o americana que para la asiática o africana debido al alto contenido en azúcares y grasas y al elevado número total de calorías de la dieta occidental. Visto esto, merece la pena empezar a cuidar la alimentación.

- También se pueden seguir otros métodos dietéticos, como los de **la macrobiótica,** enfocada desde la filosofía oriental. El método de la doctora Kousmine sienta sus bases en devolver al organismo sus propias fuerzas de curación y pone mucho énfasis en los desayunos.

- Si la dieta es insuficiente se puede tomar algun suplemento alimenticio como:

Coenzima Q_{10} (o ubiquinona), que previene los daños oxidativos causados por las lesiones de los radicales libres. Entre sus muchos beneficios está su capacidad de generar energía a las células de nuestro organismo, prevenir problemas cardiovasculares y retrasar el proceso del envejecimiento.

Germanio. Favorece el transporte de oxígeno a los tejidos

Própolis. Proveniente de la colmena, posee propiedades antisépticas, antiinflamatorias e inmunoestimulantes. Contiene ácidos orgánicos, cumarinas, flavonoides, minerales como hierro, magnesio y zinc, y vitaminas como la A y el complejo del grupo B.

Arabinogalactanos y **Echinacea.** Los arabinogalactanos poseen una doble funcion: regulan el tránsito intestinal y, al igual que la echinacea, aumentan la respuesta del sistema inmunológico.

- Bebe abundante **agua** (unos dos litros al día) e infusiones, sobre todo **té verde**, que posee gran cantidad de flavonoides (unos potentes antioxidantes y antirradicales libres)

- Utiliza **métodos de cocción sencillos.** A la plancha, al vapor, hervido y al horno.

Ácido pangámico o **vitamina B$_{15}$.** Ayuda a aumentar la absorción de oxígeno de la sangre y favorece el crecimiento de células sanas. Se obtiene a través de la semilla del hueso de albaricoque principalmente.

Un complejo multivitamínico y mineral.

Complementos alimenticios antioxidantes como la **vitamina C**, el **licopeno**, los **bioflavonoides**, la **vitamina E** y el **selenio**.

Complementos de bacterias intestinales *(Lactobacillus acidophillus, Lactobacillus casei, bifidobacterium).* Además

de ayudar en la regulación del tránsito intestinal, favorecen el mantenimiento de un sistema inmunitario competente y representan una buena estrategia antienvejecimiento y de lucha contra enfermedades mejorando la absorción de nutrientes.

- Las **Flores de Bach** pueden resultar un apoyo en los tumores benignos de mama. El uso de las Flores a nivel local es muy efectivo, debido a que su actividad energética vibracional es traducida por los chakras, activándose los mecanismos fisiológicos. Las Flores de Bach ayudan a modificar la actitud de la persona ante su sufrimiento, aportándole una mayor serenidad y una actitud más positiva.

La MTC contra el cáncer

- Según la **Medicina Tradicional China** (MTC), el cáncer es un crecimiento anormal del tejido debido a algún tipo de estancamiento del *chi* (o *qi*, es la energía o fuerza vital; una entidad que denota el aspecto funcional del cuerpo), de la sangre, mucosidades o de fluidos corporales. Este estancamiento puede producirse debido a agentes externos como el humo del tabaco, alimentos con elementos químicos o emociones fuertes.

La posición de la MTC ante el cáncer es apoyar al cuerpo para que éste pueda combatir las células cancerígenas por sí mismo. El cáncer se considera una toxina en el cuerpo y por tanto se utiliza una dieta depurativa.

Entre los **alimentos recomendados** en la MTC para el cáncer se encuentran: algas, champiñones shitake, higos, remolacha, papaya, judías mung (soja verde), regaliz, zanahorias, ajo, nueces, frutos de lichi, moras, espárragos, calabaza, bardana, hojas de diente de león, cebada perlada, cereales integrales, y muchas frutas y verduras frescas.

Entre los alimentos que la MTC recomienda **evitar** se encuentran: carne roja, pollo, café, canela, anís, pimienta, productos lácteos, alimentos especiados (excepto el ajo) o ricos en grasas, aceites refritos, aditivos químicos, alimentos enmohecidos. También se debe evitar fumar y reducir el estrés.

Autoexploración de mamas

Sin obsesionarnos conviene que seamos conscientes de nuestros pechos y de su forma, y que una vez al mes realicemos una autoexplo-ración de mamas para ver si hay algún bulto extraño o alguna otra anomalía y poder tomar medidas lo antes posible.

ASPECTO VISUAL

Ponte **frente al espejo con los brazos colgando** flojamente a los lados. Observa los senos para detectar cualquier anomalía: si están a una altura diferente; si los contornos son redondos y suaves o, al contrario, hay hoyuelos o bultos; si hay fisuras o hendiduras en los pezones; si uno de ellos está vuelto hacia dentro; si hay algo raro en la piel del seno, etc.

Toda mujer debe conocerse bien para detectar cualquier variación que pueda producirse en sus senos. Busca cualquier distorsión o característica que no estaba presente en el examen anterior. Es perfectamente normal que uno o ambos pezones estén hacia dentro, pero si el cambio se produce súbitamente debe descartarse que haya cualquier patología. Asimismo, puede ser que los dos pezones no hayan apuntado siempre hacia delante y será perfectamente normal, pero si de repente un pezón cambia su dirección puede ser debido a un problema.

Por otro lado, si la piel del seno te recuerda en algún punto a la cáscara de naranja, no dudes en acudir al médico porque puede deberse a un bloqueo de un conducto linfático o a un tumor.

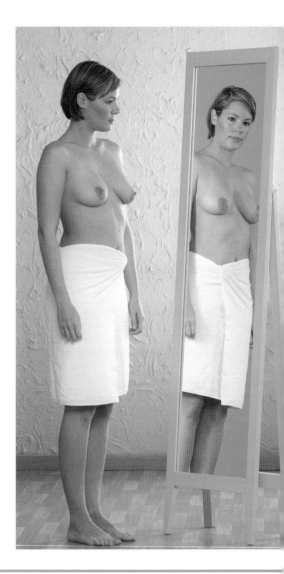

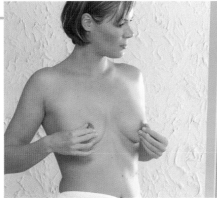

Levanta los brazos y vuelve a observar los senos. Fíjate sobre todo en si se levantan por igual al subir los brazos y en si hay alguna anomalía en la parte baja.

Aprieta los pezones suavemente para ver si hay alguna secreción. La secreción de los pezones es común y normalmente inofensiva. Si está presente en ambos pezones seguramente es de origen hormonal. Se da especialmente después del embarazo. Si la secreción se produce espontáneamente puede ser más peligrosa. Si detectas un derrame constante o una emisión sanguinolenta por el pezón acude al médico inmediatamente.

Factores de riesgo en el cáncer de mama

- Mujeres mayores de 35 años
- Nuligestas
- Residencia en ciudades
- Antecedentes familiares de cáncer de mama
- Primer embarazo y parto después de los 30 años
- Dietas con alto contenido en grasas animales (las grasas saturadas fomentan que los estrógenos sobrantes sean absorbidos de nuevo por el cuerpo y que puedan provocar cambios en el tejido de las mamas).
- Obesidad

- Aborto previo al primer embarazo llevado a término
- Patología mamaria benigna
- Hipertensión
- Menarquía temprana (antes de los 12 años)
- Menopausia tardía (después de los 52 años)
- Diabetes
- Consumo de cafeína
- Consumo de alcohol

Autoexploración de mamas

EXPLORACIÓN TÁCTIL

Existen varios métodos para realizar la exploración mamaria. Escoge el que te haga sentir más cómoda porque el resultado es el mismo con todos. Efectúa siempre la exploración en el mismo día del ciclo para evitar variaciones producidas por las hormonas.

No aprietes demasiado el pecho, la exploración tiene que ser suave. Busca bolitas o endurecimientos en el pecho. Ten en cuenta que la estructura de la mama no es homogénea y que tendrás sensaciones diversas al tocar el pezón, los conductos galactóforos, la glándula y otras partes. Por otro lado, poco antes de las menstruaciones se forman en casi todas las mujeres nódulos sensibles al tacto que no deben confundirse con bultos sospechosos. Este fenómeno se acentúa en las primeras fases del embarazo. Estos nódulos son blandos y sensibles a la presión. Los endurecimientos problemáticos no producen ninguna sensación de dolor cuando se compriman. Además, aumentan de volumen y consistencia. Los nódulos benignos son móviles y podemos levantar con los dedos la piel y sentirlos por todos lados.

Un nódulo sospechoso tiene un tacto parecido al que se produce si con los dedos juntos y planos tocamos la punta de la nariz: la piel no se puede levantar y la bolita no se mueve.

Repite el examen tumbada. Examina detenidamente la axila para detectar posibles bultos.

Si tienes mucho pecho, cuando realices el examen tumbada ponte un almohadón en el costado para evitar que el pecho se desplace excesivamente.

MÉTODO DE ESPIRAL

Inicia la exploración en la axila y continúa hacia la clavícula. Desciende a la parte media del tórax y continúa en forma de espiral pasando por todo el seno hasta llegar al pezón.

MÉTODO DE REJILLA

Divide mentalmente el seno en pequeños cuadrantes y realiza en cada cuadrante la exploración en espiral.

TÉCNICA A DOS MANOS

Apoya una mano contra otra con el seno en medio y realiza movimientos circulares para sentir entre los dedos cualquier posible anomalía. Ve desplazando las manos para abarcar todo el seno.

151

Mamografía

La mamografía es una radiografía especializada que se utiliza para mostrar el contraste entre un tejido mamario normal y los tumores, que son más densos y aparecen como sombras. El objetivo de esta técnica es detectar el tumor antes de que llegue a un tamaño crítico y poder tratarlo a tiempo. Sin embargo, la mamografía plantea serios problemas.

No es recomendable en todos los casos. Es una prueba sobre la que los médicos no acaban de ponerse de acuerdo, aunque la tendencia actual es recomendarla sólo en el caso de mujeres mayores de 45 años o mujeres algo menores de esta edad que tengan antecedentes en su familia o en caso de que haya una sospecha fundada de que pueda existir un tumor.

La mayoría de los médicos aconsejan que la mujer se haga una mamografía referencial a los 35 años y, a partir de aquí, una cada dos años; o, a partir de los 45, que se haga una cada año.

No se recomienda hacer mamografías por sistema si no es estrictamente necesario porque el cuerpo acumula radiación. Se calcula que los riesgos se acumulan y que 72 radiografías son suficientes para aumentar de forma dramática los riesgos de una mujer de padecer un cáncer de mama inducido por la radiación. Una mujer que siguiera las recomendaciones actuales de hacerse mamografías llevaría a los 75 años de edad 36 radiografías en cada pecho. Por esta razón, se desaconsejan las mamografías en mujeres jóvenes.

La mamografía es molesta porque los pechos quedan comprimidos entre dos planchas, pero no llega a ser dolorosa. Sin embargo, si sintieras dolor, comunícaselo inmediatamente al técnico.

El tratamiento del cáncer

En el caso de que se desarrolle un tumor maligno, la terapia depende del estadio en el que se encuentre la enfermedad; por esta razón es tan importante hacerse las **autoexploraciones** y seguir el control del **ginecólogo.**

Para solucionar el problema hay desde intervenciones no destructoras, con posibilidad inmediata de reconstrucción con prótesis, hasta operaciones más drásticas que requieren la extirpación total del pecho. La cirugía se suele acompañar de radioterapia y quimioterapia.

Aun en los casos más extremos, hay técnicas para reconstruir el pecho.

La tendencia actual es a extirpar sólo lo que es necesario para facilitar la reconstrucción. Para superar esta difícil prueba, las mujeres suelen precisar ayuda psicológica. En algunos hospitales ya hay terapias de apoyo en el que grupos de mujeres que han sufrido la intervención y los problemas psicológicos derivados de ella ayudan a las que tienen que someterse a la operación o lo acaban de hacer y están deprimidas.

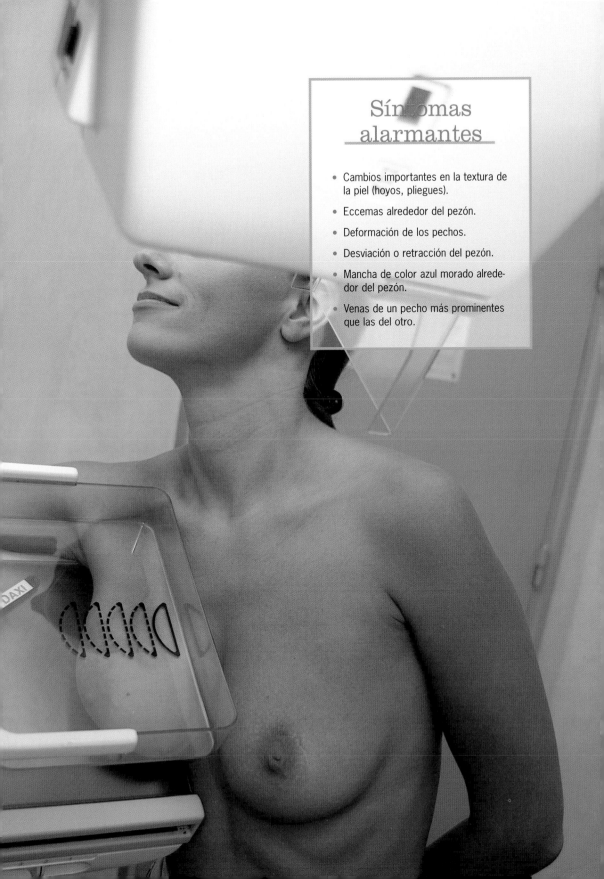

Síntomas alarmantes

- Cambios importantes en la textura de la piel (hoyos, pliegues).
- Eccemas alrededor del pezón.
- Deformación de los pechos.
- Desviación o retracción del pezón.
- Mancha de color azul morado alrededor del pezón.
- Venas de un pecho más prominentes que las del otro.

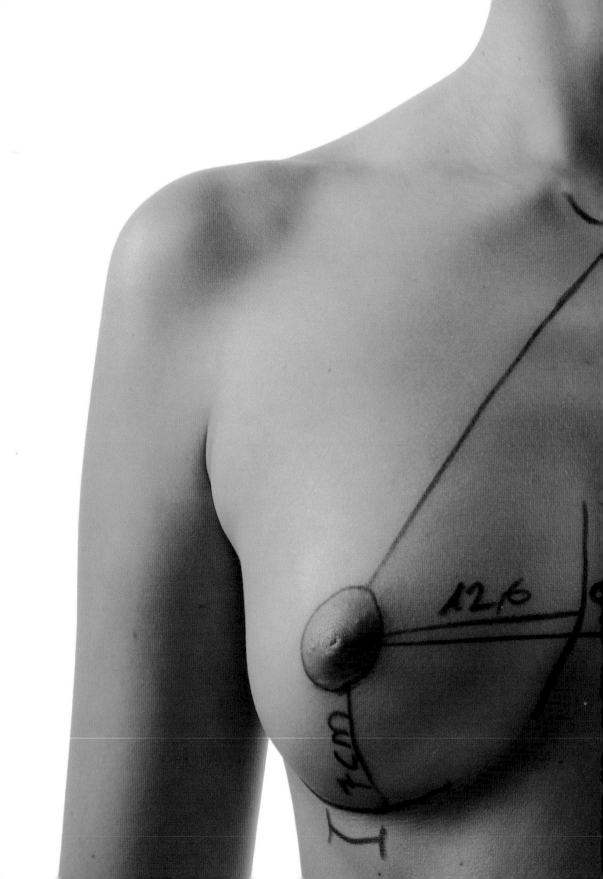

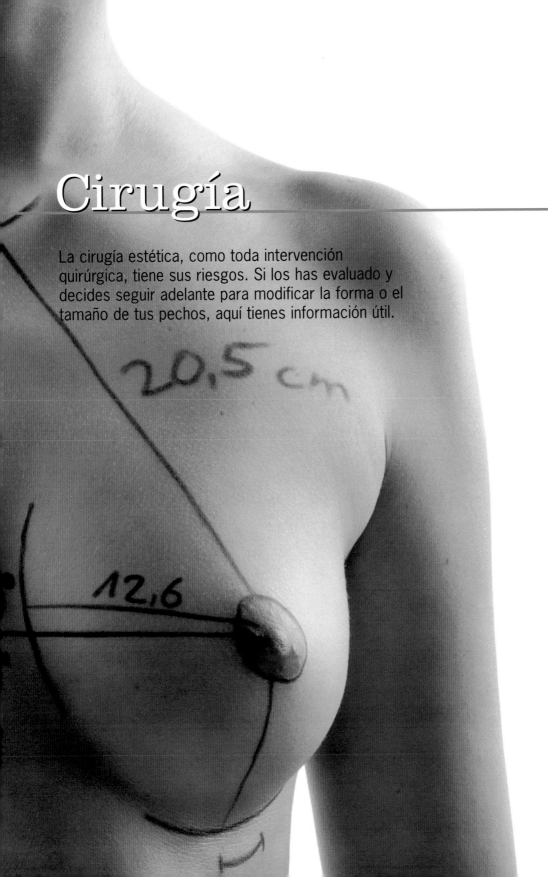

Cirugía

La cirugía estética, como toda intervención quirúrgica, tiene sus riesgos. Si los has evaluado y decides seguir adelante para modificar la forma o el tamaño de tus pechos, aquí tienes información útil.

Cirugía

Aunque en este libro no se defiende la cirugía como recurso para disfrutar de unos pechos bonitos, actualmente la operación de aumento de senos se ha convertido en algo corriente y hasta cotidiano, y también son frecuentes las operaciones para subir los pechos caídos, las reducciones mamarias o las reconstrucciones de pechos. Por todo ello hemos creído oportuno incluir una información lo más clara posible.

Aunque, evidentemente, es perfectamente lícito mejorar el cuerpo, deberíamos pensárnoslo más a la hora de dar este paso, y más si no existen problemas físicos que lo aconsejen (caso de exceso de volumen en el pecho o de los problemas psicológicos derivados de una mastectomía).

Toda intervención quirúrgica implica algún riesgo por lo que, en principio, sólo deberían recurrir a las operaciones las mujeres con problemas de salud o problemas estéticos graves. Sin embargo, todo es relativo y hay mujeres con tallas pequeñas que están muy acomplejadas, se sienten poco atractivas o poco femeninas, se quejan de que no encuentran ropa interior adecuada o de que la ropa siempre les cae mal y realmente cuando se operan ganan en seguridad en sí mismas y afirman que su vida ha cambiado.

Hay mujeres que llevan tan mal lo de tener poco pecho que incluso tienen problemas de relación, ya no sólo con el otro sexo sino en su vida en general. En otros casos, el poco pecho va ligado también a una asimetría muy marcada, lo que agrava el problema. La conclusión es que cada caso es diferente y debe ser la persona, a veces con la opinión del cirujano, quienes evalúen riesgos y beneficios.

Es imprescindible que cada mujer tenga la suficiente información. Si se decide, el cirujano debe explicarle todo el proceso y los posibles riesgos: cómo será la operación, qué cicatrices le quedarán, cuándo dejarán de estar rojas y las precauciones tras operarse.

Hay que recordar que pueden presentarse problemas en las cicatrices. Es algo que no hay forma de prever. Unos dos meses después de la operación puede producirse este problema, que puede ir desde que las cicatrices se hipertrofien a que se vuelvan queloideas, es decir, que formen un cordoncillo abultado.

A pesar de la aparente alegría con que muchas mujeres pasan por el quirófano, las operaciones de cirugía estética tienen los mismos riesgos que el resto de las operaciones. La anestesia, por ejemplo, puede producir alergias, problemas cardiocirculatorios, hemorragias o infecciones de tejidos... Sin embargo, según la Sociedad Española de Cirugía Plástica, Reparadora y Estética, el porcentaje de complicaciones es menor porque normalmente no se trata de una cirugía intracavitaria (craneal, torácica o abdominal) y porque se usa una anestesia menos profunda. Además, como son operaciones voluntarias, las pacientes suelen gozar de buena salud.

La legislación española especifica que todo aquel que decida someterse a una intervención de cirugía estética debe ser informado sobre el proceso que el médico va a llevar a cabo, de las consecuencias y de los posibles riesgos. Si no lo hace así, el médico está incurriendo en un delito penado por la ley.

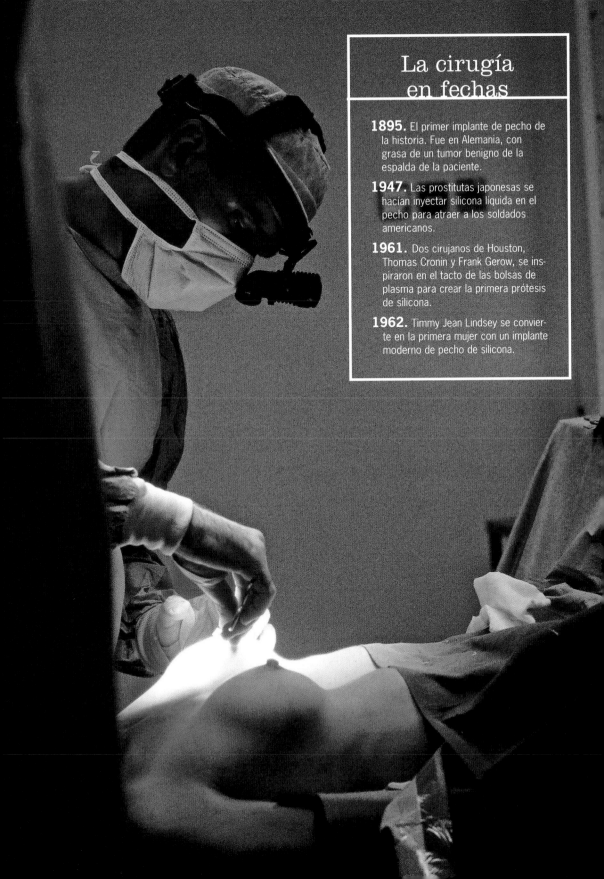

La cirugía en fechas

1895. El primer implante de pecho de la historia. Fue en Alemania, con grasa de un tumor benigno de la espalda de la paciente.

1947. Las prostitutas japonesas se hacían inyectar silicona líquida en el pecho para atraer a los soldados americanos.

1961. Dos cirujanos de Houston, Thomas Cronin y Frank Gerow, se inspiraron en el tacto de las bolsas de plasma para crear la primera prótesis de silicona.

1962. Timmy Jean Lindsey se convierte en la primera mujer con un implante moderno de pecho de silicona.

El cirujano

Si has de elegir un cirujano para operarte el pecho, conviene recordar algunas precauciones básicas:

• **El consejo personal**. Pregunta a las amigas o parientes que se hayan operado. Pregunta si están contentas con el resultado y con la atención pre y postoperatoria. Es difícil que un cirujano haga un trabajo excelente con una paciente y otro pésimo con otra.

• **Comprueba que es un especialista**. Pide referencias. Debería tener la especialización en cirugía plástica y estar afiliado a algún organismo oficial relacionado con la cirugía plástica. Desconfía de los médicos especialistas en otros campos que tienen, según dicen, «mucha experiencia en cirugía» y te ofrecen precios muy competitivos. Así que rastrea bien su experiencia profesional.

• **Compara**. Pide cita con al menos dos médicos. De este modo podrás comparar opiniones, evaluar el trato que te da uno y otro, y contrastar sus honorarios. Aprovecha la primera entrevista para consultar todas tus dudas. El cirujano debe informarte de todo lo que desees y, además, transmitirte seguridad. Si no te sientes cómoda con él, busca otro del que tengas también buenas referencias.

Lo que debe hacer el cirujano plástico

- Preguntarte por tus expectativas y deseos, **darte su opinión** y tomar en consideración tus opiniones sobre sus observaciones.

- **Decirte la verdad**, aunque signifique contradecirte abiertamente. Él sabe más de cirugía y no siempre las aspiraciones de las mujeres son lo mejor para ellas. Una amiga mía quería aumentar una talla, pero el cirujano le dijo que tenía un pecho muy bien formado y que, en su lugar, no se operaría. Mi amiga al final no se operó.

- Informarte sobre **el procedimiento más adecuado** para alcanzar tus aspiraciones.

- **Darte detalles** sobre el procedimiento que va a usar: tipo de anestesia, el ingreso hospitalario, la convalecencia, las limitaciones después de la operación…

- **Informarte sobre los riesgos** de la operación y sobre las complicaciones que podrían surgir.

- **Hablarte claro**, en términos que puedas comprender.

- **Responder a tus preguntas** tanto sobre la operación como sobre su trayectoria personal.

- Una vez haya expuesto su opinión, debe **dejarte tomar la decisión** con tranquilidad.

- Solicitar los **exámenes preoperatorios** necesarios: análisis de sangre, electrocardiograma, ecografía de la mama…

- **Fotografiar** la parte del cuerpo que va a operar.

Aumento de senos

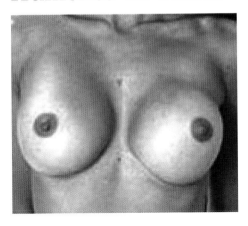

Tipos de operaciones

Lo más habitual es implantar prótesis de silicona. Dependiendo de la morfología y las necesidades de cada mujer se hará de una forma u otra. En las mujeres delgadas y con poco pecho, la prótesis debe ponerse bajo el músculo pectoral para que el efecto sea más natural, mientras que en las mujeres con pechos medianos o fláccidos la prótesis se implanta justo debajo de la glándula. Si los pechos están muy caídos es preciso retirar previamente el exceso de piel.

En cuanto a la incisión para establecer la prótesis, cada médico tiene su técnica. La incisión puede hacerse alrededor de la areola, en el surco bajo en el pecho o en la axila.

El aumento de pechos se realiza con anestesia local y sedación o con anestesia epidural, a criterio del médico, y normalmente no es necesario que la paciente pase la noche en la clínica. La operación dura una hora y media, pero la paciente debe permanecer en observación durante al menos cuatro horas.

El implante de prótesis está indicado en el caso de mamas que hayan perdido su forma después de un embarazo y hayan quedado como vacías, mamas que no se han desarrollado lo suficiente o pechos con una asimetría muy evidente.

El tamaño a conseguir depende de la estructura corporal (la relación con los hombros y las caderas) y el deseo de la paciente.

El objetivo principal, excepto en el caso de profesionales del espectáculo que quieren conseguir resultados exuberantes, es la naturalidad: el pecho operado no debe quedar demasiado alto cuando la paciente está de pie: ha de caer libremente hacia los lados cuando la paciente está acostada; debe moverse de forma natural y su textura tiene que recordar a la de los pechos naturales.

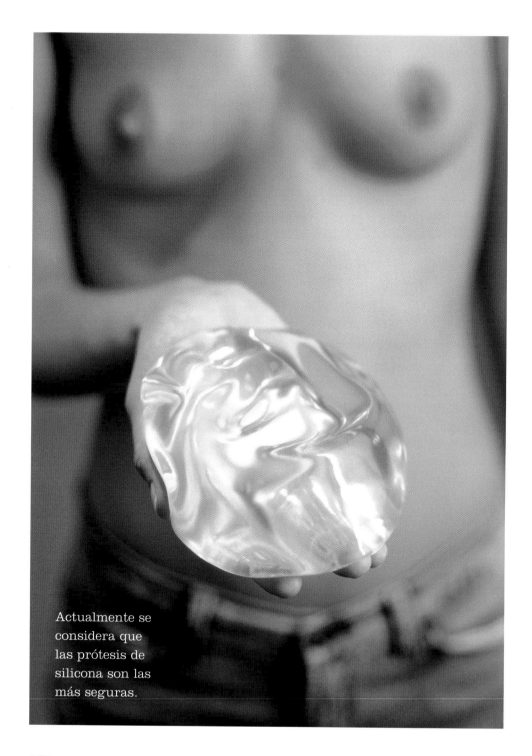

Actualmente se
considera que
las prótesis de
silicona son las
más seguras.

Las prótesis

Hay tres tipos principales de prótesis según el relleno: silicona, suero fisiológico e hidrogel. También están homologadas por el Ministerio de Sanidad y Consumo las prótesis de poliuretano y PVP (polivinil pirrolidona). Actualmente las prótesis que se consideran más fiables y las que dan un mejor resultado son las de silicona y se calcula que hay más de veinte millones de mujeres que las llevan. Las prótesis de silicona actuales llevan una triple capa de elastómero que las refuerza e impiden los escapes.

Las prótesis de suero salino son las que se usan actualmente en Estados Unidos. En caso de rotura, no hay ningún problema para el organismo porque lo reabsorbe. Sin embargo, el tacto es mucho menos natural, son permeables y el pecho pierde volumen. Por estos motivos, la tendencia actual en Europa es no poner prótesis de suero.

Las prótesis de hidrogel están rellenas de una mezcla de suero salino con un polímero también compatible con el organismo. Su principal desventaja es que su forma redonda es poco natural.

Las prótesis de soja se retiraron del mercado porque había serias dudas sobre su inocuidad, ya que con el tiempo se enranciaban y producían compuestos dañinos para el organismo.

Las prótesis tienen distintas texturas según el envoltorio: texturadas (que muchos cirujanos prefieren, porque dan un aspecto más natural), anatómicas (que reconstruyen la mama dándole una forma adecuada) y lisas. La elección de una prótesis u otra depende de la forma del pecho de cada mujer.

Investigaciones en torno a las prótesis

Debido a las sucesivas polémicas sobre las prótesis y sus **efectos sobre la salud**, se han realizado numerosos estudios, entre ellos uno realizado por expertos españoles de la Escuela Nacional de Sanidad, que han demostrado que las mujeres con prótesis no padecen más cáncer o enfermedades inmunológicas y neurológicas que el resto de las mujeres. Tampoco se ha demostrado que la silicona pase a la leche ni que los implantes impidan en general la lactancia.

El estudio descarta asimismo que los implantes pueden **interferir** en el diagnóstico de un cáncer mediante una mamografía, pero recomienda que se usen técnicas especiales que eviten que los implantes se puedan romper durante el examen.

En Estados Unidos, país donde saltó la **alarma** por las prótesis de soja, están prohibidas las prótesis de silicona desde 1992, pero se prevé que sean aprobadas en breve porque varios estudios no han establecido una asociación entre los implantes mamarios de silicona y el incremento del riesgo de cáncer o de enfermedades del tejido conectivo. El último estudio al respecto fue realizado por el Instituto de la Academia Nacional de las Ciencias (IOM) a petición del departamento de Salud y Servicios Humanos de EE UU.

Existen tres formas de prótesis: la prótesis con perfil alto crea un pecho con volumen; la de perfil bajo resulta más natural, y la tercera deja el pecho con una atractiva forma de gota, preferida por muchas mujeres.

La elección de la forma de la prótesis depende del diseño natural de la mama y de lo que se desea conseguir. Los tamaños más usados son de 195 ml, 215 ml y 235 ml.

Los materiales de que están hechas las prótesis hacen que, una vez colocadas, sea difícil distinguirlas. Tanto la forma y las propiedades físicas, como la elasticidad, imitan perfectamente a las de los tejidos naturales.

La operación

Aunque la vía areolar sigue siendo la más popular, algunos cirujanos están empezando a decantarse, en mujeres que no han tenido embarazos, por la vía axilar (a la que anteriormente se le achacaba que hacía que las prótesis quedaran demasiado altas) y por colocar las prótesis detrás del músculo pectoral. Cuando se pone una prótesis vía axilar se hace un corte de 4 cm.

Las ventajas de esta vía son que la cicatriz queda escondida en la axila y disimulada por los pliegues del tejido, y que la glándula queda indemne porque no se practica ninguna incisión. Al quedar la prótesis detrás del músculo, se suavizan los contornos y el efecto es más natural. Para que la prótesis no quede alta, el músculo se separa totalmente de las costillas en la parte inferior. Además, el músculo protege a la prótesis de un posible encapsulamiento.

La vía areolar sigue siendo la más popular porque es sencilla, rápida y muy directa. Sin embargo, queda una cicatriz en la mitad inferior de la areola, si bien resulta muy poco visible. Además, hay que atravesar parte de la glándula mamaria y las mujeres se preocupan por una posible pérdida de sensibilidad; aunque es raro, a veces se ha producido una disminución de la sensibilidad o una hipersensibilidad.

Actualmente existe una nueva técnica de aumento de mama basada en la colocación de las prótesis en el plano submuscular que permite que las mamas tengan un aspecto más natural. Las prótesis se colocan separadas de la glándula mamaria por el músculo pectoral y otros músculos, que crean un amplio bolsillo donde alojarlas. El surco submamario se baja de acuerdo al tamaño de la prótesis, para que los pechos no queden altos.

El resultado son unos pechos redondeados y con mayor volumen en la parte inferior. El perfil traza una suave línea descendente hacia la areola y el pezón, y continúa con una línea convexa hasta el nuevo surco submamario.

La clave del éxito es que la paciente realice masajes de forma regular durante el primer mes de la intervención para garantizar la amplitud del bolsillo donde se ha colocado la prótesis y prevenir el encapsulamiento.

Posibles problemas

Uno de los riesgos de los implantes es la contractura de la cápsula, que ocurre cuando el tejido que rodea el implante se hace más grueso y lo aprieta, endureciendo el pecho de forma que en los casos severos puede llegar a deformarlo. Es una reacción normal del cuerpo ante un objeto extraño: lo rodea de una capa de tejido cicatrizal.

Las prótesis de soja

Un estudio realizado por el Instituto Nacional de Toxicología determinó que las prótesis de soja presentan un **peligro potencial** de exposición a productos genotóxicos.

En España se realizaron unos 1.830 implantes mamarios de aceite de soja entre octubre de 1984 y diciembre de 1998, ya que las prótesis de soja se comercializaban libremente en la Unión Europea. Posteriormente fueron **retiradas del mercado** al detectarse que provocaban malestar e

hinchazón y el Reino Unido decretó que se extrajeran porque podían ser tóxicas a largo plazo, ya que se deterioran y pueden producir una sustancia nociva.

En varios países se determinó que se extrajeran y que los gastos de extracción y sustitución por otras de **silicona** (en el caso de que las mujeres afectadas así lo quisieran) fueran sufragados por el fabricante, la empresa británica AEI Inc. En España la justicia determinó a finales de 2002 que el fabricante y la distribuidora deben indemnizar a las mujeres afectadas.

El encapsulamiento suele aparecer tras una infección y es necesaria la cirugía adicional para corregirlo. Según lo avanzado que esté el proceso, puede ser necesario extraer la prótesis y volver a implantarla. Segú algunos cirujanos las prótesis de superficie lisa son más propensas a encapsularse que las de superficie rugosa. Además, si la prótesis se coloca detrás del músculo hay menos posibilidades de que se produzca el encapsulamiento.

Se sabe que las infecciones bacterianas y los hematomas favorecen el encapsulamiento, por lo que se lava con solución aséptica la prótesis antes de implantarla y se usa un drenaje para extraer la sangre que pueda quedar alrededor. Otro de los riesgos es la rotura del implante o que los implantes tengan una pérdida. Se suele notar porque a los pocos meses de la operación se produce una reducción del tamaño de la mama, dolor o hinchazón. Los implantes de solución salina pueden deshincharse incluso pocos días después de la operación. En la colocación por vía axilar la complicación más frecuente es el hematoma.

Por otro lado, hay que recordar que la prótesis no durará toda la vida y se tendrá que volver a pasar por el quirófano.

El riesgo de rotura de la prótesis aumenta con el tiempo: 62 % a los 10 años; 71 % a los 14 años, y 95 % a los 20 años. De todas formas, la duración es suficientemente larga como para que muchas mujeres decidan que les compensa tener que operarse otra vez. Otra cuestión es que las mujeres que se han hecho un implante de silicona en el pecho difícilmente podrán prescindir de ellos, ya que la piel se ha adaptado a la nueva forma y volumen y el pecho sin la prótesis se vería como deshinchado.

Reducción del tamaño de los senos

El pecho hipertrófico es un pecho normal pero con un excesivo volumen. Se suele formar durante la pubertad (lo que es conocido como «gigantomastia puberal») o poco después, y causa problemas psicológicos a las jóvenes, ya de por sí reacias a aceptar los cambios que se producen en su cuerpo.

No se trata sólo de un problema estético, sino que también afecta a la salud: debido al excesivo peso de las mamas el organismo se sobrecarga y si los senos son tan grandes pueden causar hasta una desviación de la columna vertebral y dificultades respiratorias. Lo más habitual es padecer dolor de espalda, hombros y nuca.

Normalmente la operación se realiza a los 25 años, pero puede adelantarse si las molestias físicas o psíquicas lo hacen aconsejable. De todas formas, debe hacerse cuando el pecho ya ha acabado de desarrollarse porque al crecer el seno y adquirir más volumen, las cicatrices podrían hacerse más visibles.

La operación

Se realiza con anestesia general y suele durar unas tres horas, aunque puede alargarse hasta cinco. No es habitual que se prolongue por más tiempo. Consiste en extirpar una parte de la glándula mamaria junto con la piel y la grasa de la zona correspondiente. Después se modela el pecho.

Con la técnica que se usa habitualmente queda una cicatriz en forma de T invertida.

El postoperatorio

Se recomienda **reposo** durante tres o cuatro días. Pasado este tiempo la mujer puede volver al trabajo y conducir, aunque debe evitar esfuerzos o levantar pesos durante quince días. Algunas veces es preciso llevar vendajes pero en otros casos no. Algunos médicos ponen una sonda para drenar la zona y entonces se recomienda que la recién operada pase la noche ingresada.

Al principio las mujeres pueden notar **malestar**, como una sensación de agujetas, que desaparece con un analgésico suave. No se puede exponer la zona al sol durante tres meses.
La **cicatrización** es mejor en las pieles más elásticas. Si la intervención es por vía axilar, la cicatriz queda escondida en la axila; el corte en el surco mamario deja una cicatriz de unos 4 cm que queda escondida por el volumen del seno y la incisión en la areola es a la larga prácticamente imperceptible.

En el caso de la operación que crea un bolsillo de músculos para albergar la prótesis, suele ser necesario el uso de una faja elástica y de un sujetador reforzado que pueden retirarse cuando la paciente se bañe a partir del tercer día.

Se puede volver al trabajo en cinco días, pero es necesario esperar un mes para conducir y dos meses para cargar peso, hacer ejercicios pectorales y tomar el sol.

La mayoría de
mujeres que reducen
el tamaño de sus
senos lo hacen por
cuestiones de salud.

Preguntas más comunes

¿De qué material son las prótesis?
De gel de silicona, de gel acuoso, de suero, de aceites diversos... Actualmente las más comunes son las de silicona.

¿Es la silicona segura?
Diferentes estudios han puesto de manifiesto que la silicona es una de las sustancias más inocuas para el cuerpo humano que existen y de hecho está presente en muchos productos sin que lo sepamos: la barra de labios o muchos contenedores de alimentos, por ejemplo.

¿Qué problemas presentan las otras prótesis?
Las de gel acuoso y las de suero se pueden vaciar.

¿Es la operación dolorosa?
Aunque en algunos casos sólo se use anestesia local, sólo se sienten unos pinchazos. Las

molestias posteriores desaparecen en menos de una semana.

¿Las mamas tienen desde un primer momento un aspecto natural?
Los pechos sufren una hinchazón moderada en las dos primeras semanas que desaparece hacia la tercera semana. En los dos primeros meses pueden estar más duros, pero se ablandan a partir del tercer mes. El tacto definitivo se consigue entre los seis u ocho meses.

¿Puede haber complicaciones con los implantes al dar el pecho?
Las prótesis en principio no impiden la lactancia materna, aunque ha habido algunos casos de mujeres con silicona que no han podido dar de mamar. Son casos raros.

¿El autoexamen es más difícil?
Sí, porque dificulta la identificación de nódulos por medio del tacto porque la consistencia cambia. En el caso de prótesis retromusculares, el examen es igual de efectivo.

¿Cuánto puede durar la silicona en el cuerpo?
Todas las mujeres con prótesis deben renovarlas cada diez años para evitar el riesgo de roturas.

¿Se notan?
Si no se escoge un tamaño exagerado y las coloca un buen especialista no tiene por qué notarse y la mujer se acostumbra rápidamente a ellas.

¿Hay que pasar revisiones?
Durante seis meses después de la operación deben seguirse controles y, posteriormente, se deben controlar las prótesis anualmente.

Si decides pasar
por quirófano
infórmate de
las posibles
complicaciones.

Ahora se están empezando a usar otras técnicas que dejan sólo un cicatriz vertical mucho más discreta.

Si el volumen a extirpar no es demasiado, se hace a través de una única cicatriz alrededor de la areola. En algunos casos, si la forma de la mama no está afectada, se reduce sólo con liposucción. Aunque la forma que se consigue no es tan buena como con otras técnicas, la recuperación es más rápida y la cicatriz es mínima: sólo una pequeña de 1 cm en el surco.

Postoperatorio

Se precisa un ingreso de uno o dos días. No se pueden realizar esfuerzos ni coger pesos durante unos quince días y durante un mes hay que llevar un sujetador especial que mantenga la mama en su nueva situación y permita que la cicatriz se retraiga.

Los resultados son **duraderos**: un pecho queda reducido para siempre. La cicatrices son poco visibles y la forma del pecho mejora.

En algunas ocasiones puede aparecer algún hematoma o alguna infección, pero se tratan fácilmente.

Elevación de senos

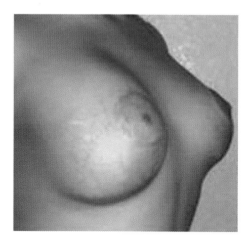

El pecho puede caer por la acción de la gravedad y por culpa de una gran disminución de peso o un embarazo (que deja el pecho como vacío). El pecho caído, o pecho ptótico, puede deberse también a la edad o al relajamiento de los tejidos conjuntivos y de sostén no reforzados mediante el ejercicio físico.

Es posible restituir el pecho a su posición. Normalmente se hace una pequeña cicatriz periareolar, para quitar la piel sobrante, que puede ir acompañada de una pequeña cicatriz vertical. Si falta volumen, puede ser necesario colocar una prótesis.

Según la posición de la glándula con respecto a la areola y al surco submamario se distinguen tres tipos de ptosis. La técnica a emplear depende de la posición de la areola y pezón con respecto a la mama, el volumen de la glándula residual y la cantidad de piel sobrante.

Alternativas a los implantes

Actualmente se está empezando a usar una **nueva técnica** que reestructura los pechos fláccidos y les devuelve contorno y volumen sin usar silicona, aunque no permite un aumento de volumen espectacular, sino poner en su sitio lo que previamente se tenía, recuperar el contorno original y realzar algo el volumen.

Esta técnica consiste en **superponer los tejidos internos, glandular y adiposo.**
Los tejidos del lado derecho son llevados hacia el izquierdo y sujetados a las costillas con hebras especiales, y lo mismo se hace con los tejidos del lado izquierdo, de forma que internamente los tejidos quedan cruzados, dan soporte al seno y lo dejan más rígido y con más volumen. Esta técnica, desarrollada por un cirujano brasileño, está recomendada para mujeres con senos medianos y pequeños. La operación no dura más de tres horas y sólo queda una cicatriz en forma de T invertida.

Una técnica que deja senos muy naturales es quitar piel alrededor de la areola y colocar una prótesis de silicona bajo el músculo pectoral. Si la mujer no quiere aumentar el volumen, la glándula se remodela por dentro. Según la posición de la areola, se quita sólo piel a su alrededor. En casos más acusados, hay que hacer una cicatriz vertical desde la areola al surco que es visible durante los primeros meses.

La operación se realiza con anestesia general, dura unas dos horas y suele requerir una noche de ingreso. Posteriormente la mujer tiene que llevar un sujetador especial día y noche durante un mes para que el pecho cicatrice en su nueva posición. Hay que estar quince días sin realizar esfuerzos.

Los efectos de esta operación son duraderos, pero no permanentes porque los pechos pueden volver a verse afectados por cambios de peso, embarazos o la fuerza de la gravedad. La operación dura más si se colocan también prótesis.

Reconstrucción mamaria

Aunque actualmente el tratamiento de cáncer de mama ha evolucionado mucho y la cirugía tiende a ser cada vez menos agresiva y a producir menos alteraciones en la forma de la mama afectada, en algunos tipos de tumores se realiza una mastectomía (o extirpación de la mama).

Las mujeres que han sufrido la amputación de una mama por cáncer padecen graves secuelas psicológicas. Para ayudarlas a reconstruir su cuerpo y su psique, se usan varias técnicas de reconstrucción que permiten evitar el uso de prótesis externas y que, en algunos casos, se pueden realizar en la misma operación de la intervención. Las técnicas posibles van desde la expansión distendiendo la piel, hasta la colocación de una prótesis o el uso de piel y grasa del abdomen de la paciente (TRAM). Es necesaria una segunda intervención para reconstruir la areola y el pezón.

Preguntas más frecuentes

¿Pueden las mujeres dar de mamar tras la operación?

En general se recomienda que no, ya que se extirpa glándula y se seccionan conductos que van al pezón, por lo que podrían formarse quistes.

¿La cirugía puede producir cáncer?

El desarrollo del cáncer de mama no tiene nada que ver con la cirugía.

¿Afecta a la sensibilidad del pezón?

Según la técnica que se utilice, puede haber una disminución de la sensibilidad. Con la técnica de la cicatriz vertical no se ha observado esta disminución, ya que se conservan todos los nervios que son responsables de la sensibilidad de la areola y el pezón.

TRAM

Se usa piel y grasa abdominal para reconstruir la mama. Esta piel y grasa añadidas se irrigan con una arteria que se encuentre en el músculo recto abdominal.

Es la reconstrucción con mejores resultados estéticos, ya que permite imitar la mama sana.

Son buenas candidatas a este tipo de operación las mujeres con exceso de tejido abdominal; obesas con mamas grandes; mujeres con un gran defecto en el área torácica que exige relleno infracavicular; aquellas en que la reconstrucción con implante es desaconsejable; reconstrucciones inmediatas, o mujeres que sufren las secuelas de un tratamiento de lumpectomía (extracción de bultos del pecho) y radioterapia.

Un efecto secundario deseable es que se elimina piel sobrante en la zona del abdomen.

La operación consiste en coger todo el tejido abdominal sobrante por debajo del ombligo con uno de los músculos rectos del abdomen y llevarlo por debajo de la piel abdominal hasta el tórax. Entonces se moldea para crear una nueva mama, se reconstruye la pared abdominal y se cierra como si se tratara de una abdominoplastia estética.

La paciente puede levantarse a las 48 horas y llevar una vida más o menos normal al cabo de una semana. Tiene que llevar faja durante tres meses para que la pared abdominal cicatrice adecuadamente.

A los tres meses de la primera intervención es preciso realizar una segunda para conseguir la simetría y reconstruir la areola y el pezón.

Prótesis mamarias

La reconstrucción mamaria tras una mastectomía con la colocación de un implante está indicada en pacientes delgadas con pechos pequeños y piel elástica y de buena calidad en la zona. La otra mama no debe estar caída y la simetría tiene que ser fácil de conseguir.

La prótesis no crea problemas oncológicos y no enmascara las recidivas (aparición de nuevos tumores) que pueden producirse en algunos casos. Si aparecen, lo hacen en la cicatriz de la mastectomía, en la piel de los colgajos de la mastectomía o en la axila.

Expansores

La reconstrucción con expansores está indicada en las pacientes delgadas con mamas grandes; las que rechazan el TRAM; en casos de mastectomías bilaterales, y en pacientes con enfermedad avanzada que desean una mama reconstruida. En todos los casos la piel tiene que ser de calidad.

Los expansores tisulares son unos dispositivos redondos o en forma de lágrimas, huecos por dentro y con una válvula a través de la cual, una vez colocados, se introduce suero salino para que vaya adquiriendo el volumen deseado. Su finalidad es estirar la piel para que se pueda colocar después una prótesis.

Los expansores se colocan debajo del músculo pectoral. La técnica para la colocación es similar a la prótesis. El abordaje se realiza por la incisión de la mastectomía.

El inflado se comienza a la semana con inyecciones dos veces por semana. En una segunda etapa, de cuatro a seis meses, se puede cambiar el expansor por prótesis.

Después de conseguir el volumen deseado, la prótesis se sobreexpande en un 20 ó 30 % durante tres o cuatro meses para crear suficiente piel sobrante que permita conseguir un surco submamario natural tras deshinchar el volumen sobrante.

Dorsal ancho

Esta operación está indicada en el caso de que la piel de la zona haya sido dañada por la propia mastectomía o por la radioterapia.

El dorsal ancho es un músculo situado en la espalda que permite reconstruir la mama porque al moverlo puede transportar con él una isla de piel. Es necesario el uso de prótesis o expansor.

En general se extirpa la cicatriz de la mastectomía y una elipse de piel. Seguidamente la piel que constituirá la mama se coloca en posición baja y lateral para poder conseguir un surco submamario natural y se transporta a la parte anterior por un túnel realizado a la altura de la axila y se sutura.

«Lifting de areola»

Proporciona resultados espectaculares al perfil y elevación de los pezones. Para practicarla, sólo es preciso hacer una pequeña incisión en forma de semiluna en la mitad superior de la areola. Ésta se eleva de 1 cm 1,5 cm gracias a unos puntos intradérmicos que se retiran al cabo de diez días. Se usa anestesia local y se puede repetir la operación hasta conseguir una elevación de 3 cm.

Reconstrucción de areola y pezón

La zona de la que se tome la piel para la reconstrucción depende de la coloración de éste y de la areola. El pezón puede reconstruirse con la piel de la mama reconstruida o con piel del otro pezón si éste es suficientemente grande. La areola se reconstruye con piel de la ingle en pacientes mediterráneas; labio menor en pacientes negras o cara posterior de la oreja en pacientes nórdicas. También se puede tatuar.

Esta operación se lleva a cabo con anestesia local si no hay que realizar otra operación para emparejar la mama sana a la nueva.

Correcciones en mamas tuberosas

Es una anomalía del desarrollo de las mamas. Estas tienen una base más estrecha, falta de volumen y tejido, herniación de la glándula mamaria dentro de la areola, areolas grandes y prominentes y surco submamario alto.

La cirugía consiste en reducir el diámetro de las areolas, aumentar la base de la mama y eliminar la constricción, dar volumen, bajar el surco submamario, ensanchar la glándula mamaria y eliminar el anillo periareolar que causa la herniación de la glándula dentro de la areola. Si no hay glándula, es necesario colocar una prótesis y, si falta piel, un expansor tisular.

Operaciones en hombres

En algunos hombres hay un desarrollo excesivo de canales galactóforos y de tejido fibroso. Se trata de ginecomastias. Durante la pubertad y el crecimiento puede producirse una hipertrofia que da al pecho del hombre aspecto de pequeños pechos femeninos.

Algunas técnicas
quirúrgicas
ayudan a
reconstruir el
cuerpo y la psique
tras un cáncer.

COMPLEMENTOS ALIMENTICIOS

- ### Vitamina C
  Favorece la formación de tejido conectivo en las cicatrices. Junto con los bioflavonoides aumentan su efectividad, potenciando la acción antioxidante de la vitamina C.

- ### Bromelaína
  Esta enzima proteolítica posee un importante efecto antiinflamatorio; ayuda en la disminución de hinchazón, contusión, tiempo de cicatrización y del dolor como consecuencia de lesiones y procedimientos quirúrgicos.

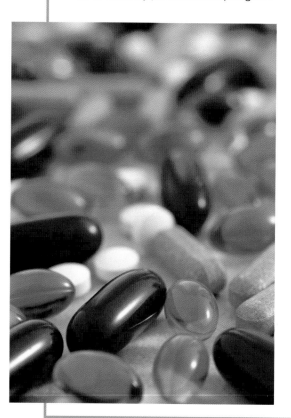

- ### Papaína
  Esta enzima se suele utilizar para mejorar la digestión. Además se le atribuyen propiedades bacterioestáticas, antiparasitarias, cicatrizantes y antiinflamatorias. En los países tropicales, las mujeres la utilizan para el cuidado de la piel.

- ### Probióticos
  La suplementación con estas bacterias benéficas ayuda a compensar los efectos negativos de los medicamentos, además de que favorecen la salud intestinal en general y contribuyen a reforzar nuestras defensas.

- ### Ácidos grasos esenciales
  Inhiben la liberación de ácido araquidónico, impidiendo así la producción de sustancias proinflamatorias, y también regulan y estimulan el sistema inmunitario. Es recomendable tomar suplementos que contengan proporciones adecuadas de Omega-6 y Omega-3.

- ### Cúrcuma (Curcuma longa L.)
  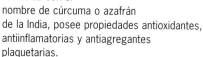
  Esta planta perteneciente a la familia de las Zingiberáceas, tradicionalmente conocida con el nombre de cúrcuma o azafrán de la India, posee propiedades antioxidantes, antiinflamatorias y antiagregantes plaquetarias.
  Se emplea en la cocina como colorante y además constituye uno de los principales condimentos que forman el curry (mezcla de especias de coriandro, cúrcuma, pimienta, canela, jengibre, clavo de olor, cardamomo, nuez moscada...).

Flores de Bach

- **Star of Bethlehem**
  Es la Flor más indicada para antes y después de una intervención quirúrgica. Mejora la cicatrización de heridas. Esta Flor está dentro del grupo del desaliento o desesperación, ayuda a tratar los efectos tras un shock mental o físico y, además, es uno de los cinco componentes del Rescue Remedy.

- **Oligoelementos**
  La Oligoterapia se basa en la utilización de oligoelementos en cantidades muy pequeñas y que poseen acciones catalíticas, éstas indispensables para el buen funcionamiento de los sistemas enzimáticos que participan en todas las funciones metabólicas del organismo que aseguran el estado de buena salud. Es una terapia que regula el organismo y que además no origina efectos yatrogénicos.

Algunos de los oligoelementos que podemos utilizar en estos casos son:

- **Mn-Co** (Manganeso-Cobalto)
  Ayuda a evitar las complicaciones a nivel circulatorio.

- **Li** (Litio)
  Ayuda a controlar la ansiedad y el miedo a la intervención. Ejerce una acción sobre el sistema nervioso. No se debe confundir con el Litio utilizado en psiquiatría a dosis ponderales.

- **Cu-Au-Ag** (Cobre-Oro-Plata)
  Ayuda a evitar la astenia despúes de la intervención y, además, si se toma unos meses antes de la intervención ayuda a evitar posibles efectos infecciosos.

BOTIQUÍN HOMEOPÁTICO PARA LOS CUIDADOS PRE Y POST OPERATORIOS

Para ayudar a disminuir la ansiedad antes de la intervención:

- **Gelsemium 15 o 30CH**

- **Ignatia 9CH**
  Cuando la persona presenta una ansiedad acompañada de suspiros, irritabilidad y sensación de nudo en la garganta.

- **Arnica 9CH**
  Para prevenir los riesgos de hemorragia y facilitar la cicatrización. Es un remedio indicado en todos los traumatismos del tejido muscular y del tejido celular.

Para después de la intervención:

- Se puede continuar con **Arnica** 9CH.

- **Staphysagria** 5-7CH: es un remedio adecuado para las heridas producidas por instrumentos cortantes (intervenciones quirúrgicas). Mejora la cicatrización.